A SOCIEDADE DA INSEGURANÇA E A VIOLÊNCIA NA ESCOLA

Dados Internacionais de Catalogação na Publicação (CIP)
(Câmara Brasileira do Livro, SP, Brasil)

S361s

Schilling, Flávia, 1953-
 A sociedade da insegurança e a violência na escola /
Flávia Schilling. – 2. ed. – São Paulo: Summus, 2014.
 112p. : il.   (Novas arquiteturas pedagógicas, 1)

 Inclui bibliografia
 ISBN 978-85-323-0952-5

 1. Violência na escola 2. Juventude e violência I. Título.

14-12317   CDD:371.58
                                                      CDU: 37.064

www.summus.com.br

Compre em lugar de fotocopiar.
Cada real que você dá por um livro recompensa seus autores
e os convida a produzir mais sobre o tema;
incentiva seus editores a encomendar, traduzir e publicar
outras obras sobre o assunto;
e paga aos livreiros por estocar e levar até você livros
para a sua informação e o seu entretenimento.
Cada real que você dá pela fotocópia não autorizada de um livro
financia o crime
e ajuda a matar a produção intelectual de seu país.

A SOCIEDADE DA INSEGURANÇA E A VIOLÊNCIA NA ESCOLA

FLÁVIA SCHILLING

summus editorial

A SOCIEDADE DA INSEGURANÇA E A VIOLÊNCIA NA ESCOLA
Copyright © 2004, 2014 by Flávia Schilling
Direitos desta edição reservados por Summus Editorial

Editora executiva: **Soraia Bini Cury**
Assistente editorial: **Michelle Neris**
Capa: **Alberto Mateus**
Projeto gráfico e diagramação: **Crayon Editorial**
Impressão: **Sumago Gráfica Editorial**

Summus Editorial

Departamento editorial
Rua Itapicuru, 613 – 7º andar
05006-000 – São Paulo – SP
Fone: (11) 3872-3322
Fax: (11) 3872-7476
http://www.summus.com.br
e-mail: summus@summus.com.br

Atendimento ao consumidor
Summus Editorial
Fone: (11) 3865-9890

Vendas por atacado
Fone: (11) 3873-8638
Fax: (11) 3872-7476
e-mail: vendas@summus.com.br

Impresso no Brasil

SEJA LÁ COMO FOR, fico imaginando uma porção de garotinhos brincando de alguma coisa num baita campo de centeio e tudo. Milhares de garotinhos e ninguém por perto — quer dizer, ninguém grande — a não ser eu. E eu fico na beirada de um precipício maluco. Sabe o que que eu tenho de fazer? Tenho que agarrar todo mundo que vai cair no abismo. Quer dizer, se um deles começar a correr sem olhar onde está indo, eu tenho que aparecer de algum canto e agarrar o garoto. Só isso que eu ia fazer o dia todo. Ia ser só o apanhador no campo de centeio e tudo. Sei que é maluquice, mas é a única coisa que eu queria fazer. Sei que é maluquice.

J. D. Salinger,
O apanhador no campo de centeio

SUMÁRIO

APRESENTAÇÃO 11

Nós, os apanhadores no campo de centeio... 13

1 O CONTEXTO: A SOCIEDADE DA INSEGURANÇA . . . 15

Medos à solta. 17

A matemática da violência 19

Segurança!!! 23

Mais alguns números 27

Os detentos brasileiros 30

Violência e punição 31

Em busca do espaço público — Outros significados
de segurança e de esperança 32

2 A VIOLÊNCIA NA SOCIEDADE DA INSEGURANÇA . . . 37

Silêncio! A gramática da violência 38

A violência é multidimensional 39

Violência: definições possíveis 42

A violência tem história — A história da violência . . . 44

A violência é falada na linguagem das epidemias —
A gramática da violência 47

A violência compreendida como fruto da criminalidade . 49

O aumento da população carcerária e da violência . . . 51

O desafio de "ser alguém na vida" — Agressores
e vítimas nos crimes urbanos 53

Retratos da violência 53

A geografia da violência 55

E as meninas, onde estão? 57

Hannah Arendt: a importância
de diferenciar poder de violência 60

3 A VIOLÊNCIA NAS/DAS ESCOLAS: A ESCOLA
É O CÉU OU O INFERNO? 63

Afinal, para que serve a escola? História 65

Mas a escola é apenas isso? A construção da educação
como um direito humano 68

A educação na sociedade da insegurança 73

Promessas 74

Violência na/da escola: algumas observações 76

Duas pesquisas sobre o tema 77

Pesquisas acadêmicas sobre o tema 79

As violências presentes na escola
da sociedade da insegurança 83

4 AÇÕES POSSÍVEIS 95

Desemparedar a palavra — Gramática da não violência . . 96

Em busca do espaço público — Outros significados
de segurança e de esperança 98

REFERÊNCIAS 103

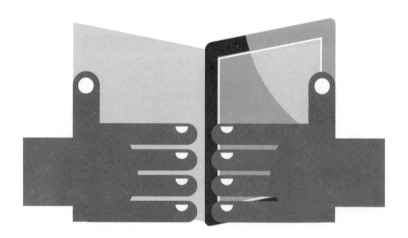

APRESENTAÇÃO

Desatar
Reatar
Nós

Neste pequeno livro, inicialmente publicado em 2004, discutimos a relação entre violência e escola. O mote proposto, nesta Apresentação — "desatar e reatar nós" —, expõe a perspectiva dada ao tema. Tal perspectiva, dez anos depois, ainda é muito pertinente. Trata-se de tentar "desatar" alguns "nós" (amarras) que nos mantêm presos a determinado modo de ver o problema. Porém, afrouxar ou desamarrar nossos "nós" é pouco: o desafio é, com um olhar sóbrio sobre o que nos acontece, tentar o exercício de "reatar" os nós, em todos os sentidos. O sentido de recriar os laços que nos permitam viver juntos (na sociedade, na escola, na cidade) e o sentido de nos criarmos como "nós", como coletividade que consegue construir narrativas sobre a história que vivemos.

Desejaríamos que os temas abordados neste livro tivessem sido superados. A violência, narrada naquele então, deveria ter cedido. Gostaríamos de ter outras histórias para contar. Mas, infelizmente — mesmo que tenha havido mudanças significativas em algumas áreas, com outras esperanças —, o assunto ainda mantém sua atualidade.

Pela primeira vez em nossa história, lidamos, no Brasil, com nossa face violenta — esse tema permeia a fala das pessoas no cotidiano, aparece de modo espetacular na mídia, perpassa os discursos políticos, provoca ações de políticas públicas, produz pesquisas, debates. A sensação é de que a violência tomou conta do mundo.

Aparentemente, estaríamos vivendo um momento histórico em que encaramos a face violenta da sociedade, com seus preconceitos de classe, de raça, com sua violência estrutural. Há dimensões da violência que deixam de ser invisíveis; há tipos de vitimização coletiva e individual que começam a ser vistos. Verifica-se a existência de conflitos coletivos, sociais e familiares que resultam em respostas violentas. Há um esforço para quebrar o silêncio que envolve essas questões — que não são mais vistas como da vida privada ou secreta, e sim como questões políticas e públicas.

Se há avanços no debate, se começa a haver a desnaturalização de algumas práticas que nem sequer eram vistas como violentas, ainda há um longo caminho a percorrer.

Temos novas leis; esforços nas escolas objetivam uma convivência com igualdade e tolerância; tenta-se mudar as cidades para que estas sejam espaços de encontros e de vida. Mas ainda resta muito a fazer.

A SOCIEDADE DA INSEGURANÇA E A VIOLÊNCIA NA ESCOLA

Nós, apanhadores no campo de centeio...

Espera-se, nestas páginas, desenvolver sobre o tema um pensamento que nos auxilie a agir como "apanhadores no campo de centeio" que somos (professores, educadores, pais e mães, adultos), superando a sensação de isolamento e de solidão que nos invade nesta contemporaneidade que parece viver em "tempos de cólera".

Qual será o nosso caminho? A proposta é de um passeio por este mundo em que vivemos, tentando qualificar o "estado do mal-estar" contemporâneo que se reflete nos atos violentos e na percepção da existência de uma violência "que toma conta do mundo". Seguiremos propondo uma definição de violência e uma primeira aproximação com o conceito. Centraremos nosso debate no Brasil e na violência "na" escola, "da" escola e "contra" a escola. Tal problematização aparece de modo claro e recorrente tanto nas pesquisas como nos estudos teóricos sobre o tema.

Como abordaremos a violência que está na escola, cercaremos o texto com aproximações da história, da geografia, da matemática, da gramática — da violência —, buscando, desse modo, dar conta formalmente das várias dimensões que envolvem nosso problema. Tentaremos, também, narrar um pouco mais sobre as saídas possíveis, sobre as boas práticas que há muito se desenvolvem em escolas que disseram "não" à violência e à injustiça.

.....

1

O CONTEXTO: A SOCIEDADE DA INSEGURANÇA

A insegurança, sobretudo, não é um conjunto de fatos, é um modo de gestão da vida coletiva. [...]
O sentimento de insegurança não é uma crispação arcaica devida a circunstâncias transitórias. É um modo de gestão dos estados e do planeta para reproduzir e renovar em círculo as próprias circunstâncias que o mantêm.

Jacques Rancière, "O princípio da insegurança"

ENTRAMOS NO SÉCULO 21 cercados de perplexidades. Vários autores (Wacquant, 2001a; Bauman, 1999, 2000, 2001; Sennett, 2003; Rancière, 2003; Todorov, 1999, e muitos outros) nos ajudam a pensar nos tempos atuais.

O que vemos no mundo? Que a promessa de que o desenvolvimento técnico e científico nos livraria das guerras revela-se falsa. Duvidamos de que possamos dar conta do desafio de conciliar liberdade e segurança. O progresso material parece não tender ao fim da fome e da criação de condições de vida dignas para todos. Assistimos (já conformados?) a guerras que se prolongam no tempo.

Essas observações geram em nós um sentimento brilhantemente descrito por Hannah Arendt (1973, p. 155-56):

> É como se estivéssemos sob algum encantamento, que nos permitisse realizar o "impossível" com a condição de não podermos fazer o possível, para realizarmos proezas fantasticamente extraordinárias com a condição de não sermos mais capazes de atender nossas mais banais necessidades diárias.

Os títulos dos trabalhos produzidos contemporaneamente constituem, por si, manifestos: *O mal-estar da pós-modernidade*

(Bauman, 1999), *A corrosão do caráter — As consequências pessoais do trabalho no novo capitalismo* (Sennett, 2003), *A crítica da razão indolente: contra o desperdício da experiência* (Sousa Santos, 2001). Os "títulos-manifestos" citados — apenas alguns exemplos, que poderíamos multiplicar — sugerem os temas que ocupam os autores: as transformações do mundo do trabalho; as consequências do capitalismo contemporâneo com sua face global em nosso cotidiano; o domínio do tempo presente tornado vertigem, "instantaneidade"; a dificuldade que isso traz para a construção de histórias, para a construção da ideia de "experiência". "Tudo é fugaz", foge, escapa entre os dedos. Estaríamos mergulhados na "modernidade líquida" (Bauman, 2001).

Medos à solta

Vários autores discutem a contemporaneidade acontecendo sob o signo da incerteza, da quebra de garantias e da insegurança. Recuperaremos, nesta seção, algumas reflexões sobre o tema, com base em obras já citadas de Zygmunt Bauman.

Esse autor define (2000, p. 25) três elementos como condições para a autoconfiança de que depende a capacidade de pensar e agir racionalmente: a segurança, a certeza e a existência de garantias.

SEGURANÇA. O que quer que tenhamos ganhado e conquistado continuará em nosso poder; o que foi alcançado manterá seu valor como fonte de orgulho e respeito; o mundo é estável, confiável e, assim, os seus padrões do que é adequado, os hábitos adquiridos para a ação eficaz e as atitudes aprendidas para enfrentar os desafios da vida.

CERTEZA. Saber a diferença entre o que é razoável ou tolo, digno de confiança ou traiçoeiro, útil ou inútil, próprio ou impróprio, lucrativo ou arriscado e todas as demais distinções que guiam as nossas opções diárias e nos ajudam a tomar decisões das quais — esperamos — não vamos nos arrepender, e conhecer os sintomas, presságios e sinais de alerta que nos permitem saber o que esperar e como distinguir um bom lance de um ruim.

GARANTIAS. Contanto que se aja de forma correta, nenhum perigo mortal — nenhum perigo que não se possa enfrentar — ameaçará o corpo e as suas extensões — isto é, a propriedade, o lar e a vizinhança — nem o espaço em que se inscrevem todos esses elementos do "eu maior": a terra natal e o seu ambiente.

A leitura dos pontos definidos por Bauman nos inquieta: não sabemos se o que ganhamos e conquistamos continuará em nosso poder. Não temos certeza se o emprego que conseguimos se manterá ou será "extinto". Se a casa em que moramos será nossa. Se aquilo pelo que nos esforçamos, nosso diploma, por exemplo, se manterá como fonte de orgulho e respeito ou será desqualificado. Se nossa vida construída em torno do esforço e do estudo, por exemplo, será digna de admiração ou se seremos qualificados de "otários". Se a honestidade é um valor a ser transmitido para os nossos filhos ou quais serão os padrões do considerado "adequado" para enfrentar os desafios da vida. Não sabemos a diferença entre o que é "razoável" e "tolo".

E quanto a conhecer os sinais ou presságios para distinguir os passos a ser seguidos? Um exemplo dessa incerteza é a disseminação dos horóscopos, das leituras místicas de sinais, da busca de indícios que nos guiem. Qual será o "lance bom"? Será

A SOCIEDADE DA INSEGURANÇA E A VIOLÊNCIA NA ESCOLA

que, agindo de maneira correta, escaparei dos perigos? A violência da criminalidade urbana — que golpeia com indiferença, que é indiferente ao comportamento de sua vítima — desmente cotidianamente a possibilidade de vivermos com essa garantia essencial. Mas não "apenas" a violência tão direta e cruel. Estamos cercados de "medos ambiente", sem saber se nosso planeta, nosso mundo, nossa vizinhança escaparão dos perigos.

A matemática da violência

Em 2004, tínhamos o seguinte panorama no país:

> Estudo realizado pela Secretaria do Trabalho da Prefeitura de São Paulo sobre dados do IBGE revelou que, entre 1992 e 2002, a taxa de desemprego nacional cresceu cerca de 40%, passando de 6,7% a 9,3% da População Economicamente Ativa (PEA). Conforme o levantamento, apesar de existirem mais pessoas de baixa renda desempregadas, a taxa de desemprego tem crescido mais rapidamente na classe média alta. E a maior escolaridade não reverte em menor desemprego para a camada mais pobre da população.("Maior escolaridade não reduz desemprego de mais pobres, mostra estudo", 19 fev. 2004)

E hoje? A sociedade brasileira mudou, vivemos outra situação em relação ao emprego no país.

A População Economicamente Ativa (PEA) apresentou taxa de desocupação de 4,8% durante o mês de janeiro de 2014. O IBGE examina mensalmente indicadores para o conjunto de seis regiões metropolitanas (Recife, Salvador, Belo Horizonte, Rio de Janeiro, São Paulo e Porto Alegre). No confronto com janeiro do ano de 2013 (5,4%), esse indicador declinou 0,6 ponto percentual. Desde que a pesquisa foi iniciada, em março de 2002, o menor índice de desocupação (desemprego) foi registrado em dezembro de 2012, apresentando taxa de 4,6%. Na comparação com 2003, o número de desocupados, em 2013, caiu 49,5%, conforme se atesta na comparação da série histórica, segundo dados fornecidos pelo IBGE (veja as Referências).

Muito mudou. Parece que navegamos em novos ventos, vivemos em busca de novos rumos. Será que de fato houve transformação? Ou as coisas mudarão novamente, velozmente, sem que possamos controlar o que acontece?

Cidadãos da sociedade atual, sentimo-nos como equilibristas na corda bamba.

Um aspecto essencial nessa construção da incerteza, na quebra de garantias e na insegurança é dado pelas transformações da situação de trabalho e nas formas atuais do capitalismo — predominantemente financeiro, por definição "volátil" e "fluido", "instantâneo". Na organização contemporânea do capital, os centros de decisão parecem opacos. Sabemos, de muitas maneiras, o que seria preciso fazer: a questão é quem, ou qual instância de poder, teria realmente força para tomar as decisões. Neste mundo dominado pela velocidade (que repercute nas transações, nas relações afetivas, no caráter descartável dos ídolos, nas "atitudes" e nos repertórios culturais), há quem esteja mais "fixo", "aprisionado" do que nunca. Este mundo fluido, dominado pela velocidade, pelo discurso que prega como um dogma a "flexibilidade", não é um lugar onde a "igualdade" ou a homogeneidade de posições acontece:

> [...] os advogados e soldados da flexibilidade não buscam a liberdade de movimentos para todos, mas a estimulante leveza do

A SOCIEDADE DA INSEGURANÇA E A VIOLÊNCIA NA ESCOLA

ser para alguns, que redunda em insuportável opressão do destino para outros. Os postulados da transparência e flexibilidade referem-se, em última análise, ao controle exercido pelos poderosos e capazes sobre as condições em que os outros, menos autoconfiantes, são forçados a escolher entre o modesto conjunto de opções que lhes resta ou submeter-se ao destino que lhes toca quando não há mais qualquer opção [...] A amplitude e rapidez de movimento fazem toda a diferença, indicando se a pessoa está no controle ou é controlada, se molda as condições de interação ou é moldada por elas, se age a "fim de" ou se comporta "em função de", se busca atingir objetivos com quase certeza do sucesso ou toma medidas defensivas numa situação de variáveis inteiramente desconhecidas que mudam sem aviso. (Bauman, 2000, p. 34)

Em tempos de "globalização", "mundialização", "sociedade pós-industrial", "pós-modernidade", "modernidade radical", não se supõe a existência de uma igualdade de acesso aos novos bens ou às novas possibilidades. Isso não quer dizer que estamos condenados à incerteza, que assistiremos passivos à nossa derrocada. Há possibilidades, sim, constantemente postas. Existem formas de inserção na ordem mundial que não implicam relações extremas de dependência. Há, sempre, uma margem que possibilita novas configurações, há um "não" possível a ser dito — se não total, ao menos parcial.

Reconhecemos que permanecem as desigualdades de posições entre países, entre setores dentro de cada país. Se o capital está mais "fluido" do que nunca, o trabalho está cada vez mais aprisionado ao local. Isso vale não apenas para o capital financeiro, que flutua de um país para outro de acordo com as vantagens concedidas pelos governos locais, mas também para o capitalismo industrial. É possível, no modelo de produção contemporâneo, mover fábricas de uma região para outra, dependendo dos incentivos fiscais oferecidos, do custo inferior da mão de obra e da baixa capacidade de luta dos trabalhadores. Simultaneamente ao processo de "volatilização", ocorre o de "fixação". Resultam desses processos não apenas o aumento da concentração de renda e da desigualdade social — em virtude da diferença de posições de poder citada —, mas também a desmobilização política e sindical das populações afetadas.

> A verdadeira novidade não é agir em condições de incerteza parcial ou mesmo total, mas a pressão contínua para desmantelar as defesas trabalhosamente construídas para abolir as instituições que visam limitar o grau de incerteza desenfreada e a extensão dos danos que a incerteza desenfreada causou e para evitar ou sufocar esforços na construção de novas medidas coletivas destinadas a manter a incerteza dentro de limites. (Bauman, 2000, p. 35)

As instituições que limitavam o grau de incerteza mais atingidas são as de previdência social e dos direitos trabalhistas. Isso ficava claro anos atrás. Hoje, no Brasil, vivemos uma tentativa de ampliação da previdência social, de extensão de direitos aos trabalhadores autônomos, às donas de casa. Pela primeira vez, o país tem mais trabalhadores com direitos trabalhistas, com "carteira assinada", que trabalhadores precários. Essa direção, essa luta, essas conquistas são fundamentais para a sociedade. Os direitos sociais — duramente conquistados durante os séculos 19 e 20 — atuam como "redutores da incerteza", como fatores fundamentais na possibilidade de construção de uma vida que lide com os desas-

A SOCIEDADE DA INSEGURANÇA E A VIOLÊNCIA NA ESCOLA

tres, com a doença, com o envelhecimento, com os acidentes. Há um evidente impacto, em todos nós, dessa precarização da existência, e o mesmo se dá quando se inverte essa situação.

Voltemos à definição de segurança, certeza, garantia: quem nos protege dos infortúnios, quem arcará com reveses de um sistema que gira em torno do "mercado" como discurso forte? Se as instituições — leis e direitos — não o fazem, podemos pensar no retorno à família e à ideia de comunidade, etnia e raça como uma reação a essa sociedade da insegurança, incerteza e quebra de garantias. Isso acontece em vários países do mundo. No Brasil, há novas leis, uma tentativa de fortalecimento das instituições do Estado de Direito que garantiriam os direitos sociais apontados na Constituição Federal de 1988.

Segurança!!!

Segundo Bauman (2000), ninguém mais tem presença garantida no mundo. Para ele, foi a cultura que, tradicionalmente, encontrou respostas para as perguntas que nos mobilizam: de onde venho, o que devo fazer da minha vida e o que acontece após a morte?

> Com efeito, a cultura — atividade contínua de traçar limites e construir pontes, separar e unir, distinguir ou conectar com a "natureza" (isto é, o resto do mundo que não tem como fatores os seres humanos pensantes e atuantes) — sempre foi e sempre será a atividade de dar respostas confiáveis às três perguntas referidas, que compõem um grande mistério: se é temporária a minha presença no mundo, por que estou aqui e com que propósito (se é que existe algum?)? Foi essa charada que estimulou todo tipo de homens à ação frenética, muitas vezes tresloucada, que em fins do

século XVIII recebeu o nome de cultura; e foi esse enigma que fez da cultura, com sua densa rede de explicações e consolos, o valor supremo, o *sine qua non*, para as criaturas conscientes de sua mortalidade. (Bauman, 2000, p. 40)

Essa é a importância da cultura, que cria estratégias para responder a essas questões fundamentais. Buscaram-se as explicações religiosas, da nacionalidade, da família e da classe social: refúgios contra a certeza da finitude. Hoje, na sociedade da insegurança, da incerteza, da quebra de garantias, investe-se no indivíduo, no corpo, nas tarefas práticas que dividam o grande medo em pequenos pedaços. Tentamos encontrar inimigos palpáveis: "Como o perigo maior é a morte — e está, assim, fora de alcance —, é saudável condensar o medo ambiente numa parte do mundo ou numa categoria de pessoas facilmente reconhecível, nomeada e localizada" (Bauman, 2000, p. 52).

Como aparentemente não é possível atacar as causas estruturais que geram a incerteza, a insegurança e a quebra de garantias, vemos a criminalização de comportamentos que até pouco tempo atrás eram relativamente indiferentes e o investimento penal neles. O crime aparece não mais como ruptura da ordem, mas como ameaça à segurança.

Essa é uma situação mundial que aparece com peculiaridades no Brasil. Belli (*apud* Singer, 2003, p. 317-9) traça seu histórico nos Estados Unidos:

Essas foram as condições que propiciaram que, nos anos 70, com o agravamento da insegurança econômica, a "guerra contra a pobreza" — lema do governo Johnson — pudesse ser transmudada

A SOCIEDADE DA INSEGURANÇA E A VIOLÊNCIA NA ESCOLA

em "guerra contra os pobres", caracterizada pelo desvio de verbas sociais para o setor de armamentos, pela burocratização dos processos de candidatura para as verbas sociais, pela eliminação do dispositivo de ajuda social.

Em contrapartida, deu-se um processo de criminalização da miséria, que, retomando vários aspectos da política adotada três séculos antes pelos *whigs* na Inglaterra, acabou por configurar o Estado penal. O Estado penal apresenta-se sob duas formas: a. transformação dos serviços sociais em instrumentos de controle e vigilância e o recurso massivo ao encarceramento. Na primeira modalidade, o acesso ao auxílio social faz-se mediante a adoção de certas normas de conduta e de obrigações burocráticas onerosas e humilhantes, que servem de instrumento de vigilância sobre as "classes perigosas".

Na segunda modalidade, as ideias de reabilitação vão se enfraquecendo e as de repressão ganham apoio generalizado. As assistentes sociais são substituídas por policiais, as casas de tutelados são transformadas em instituições de vigilância máxima. Segundo o Departamento de Saúde e Serviços Humanos, entre 1993 e 1998, o número de famílias assistidas pelo *welfare* caiu 42%. Já a taxa de encarceramentos subiu de cerca de 79 por 100.000 habitantes, em 1925, para 98/100.000 em 1973 e depois saltou abruptamente até atingir 648/100.000, em 1997. Assim, a população carcerária passou de pouco mais de 880 mil pessoas em 1992 para mais de um milhão e oitocentas mil em 1999 e, se considerarmos as pessoas em liberdade condicional ou vigiada, temos 5,4 milhões de americanos sob controle do sistema penal[1].

---

1. Todos os dados relativos ao caso americano são do Bureau of Justice Statistics, Washington, Government Printing Office.

[...] Este crescimento incessante dos encarceramentos deve-se, em primeiro lugar, à política de repressão aos pequenos delitos. Esta política ganhou força depois que foi adotada, em 1994, pelo prefeito de Nova York, Rudolph Giuliani, recebendo a alcunha de política de "tolerância zero" ou "qualidade de vida". Trata-se de um conjunto de reformas e estratégias do Departamento de Polícia da cidade que tem por base teórica "a teoria das janelas quebradas", publicada por James Q. Wilson e Georges Keling em 1982 e divulgada pelo Manhattan Institute, cujos seminários eram frequentados por Giuliani antes de se tornar prefeito. Segundo esta teoria, uma pequena infração, se tolerada, pode levar a um clima de anomia que gerará as condições propícias para que ocorram delitos mais graves. O responsável pela implantação da "tolerância zero" em Nova York foi o comissário da polícia William Bratton, que havia ganhado notoriedade como chefe da polícia de trânsito, aumentando o número de policiais nas estações do metrô, prendendo mendigos que ali habitavam e jovens que costumavam pular as roletas. A "tolerância zero" buscou generalizar esta estratégia para toda a gestão da segurança pública, valendo-se, para isso, dos mais modernos ícones da gestão empresarial: descentralização, desburocratização, informatização, produtividade e competitividade. Para atingir os índices de produtividade almejados e manter-se competitivas, as delegacias passaram a investir contra os alvos mais imediatos: primeiro, os lavadores de para-brisas, os sem-teto, mendigos e pichadores. Depois, os "suspeitos" de narcotráfico: afro-americanos e latinos em geral.

E hoje?

Segundo estatísticas do Bureau of Justice Statistics (www.bjs.gov), houve um decréscimo da população carcerária dos Es-

A SOCIEDADE DA INSEGURANÇA E A VIOLÊNCIA NA ESCOLA

tados Unidos, que diminuiu pelo terceiro ano consecutivo de um máximo de 1.615.487 presos em 2009 para 1.571.013 no final de 2012. Quando comparado o número de pessoas que estavam presas entre os meses de dezembro de 2011 e 2012, verifica-se a diferença numérica de 27.770 prisioneiros (–1,7%). No entanto, esse número varia nas esferas estaduais e federal: enquanto a população carcerária federal aumentou 0,7% em 2012, a população carcerária relativa aos presídios estaduais diminuiu 2,1%. Ainda assim, os Estados Unidos continuam liderando o número de detenções, pois somam 25% dos encarceramentos mundiais, mesmo contando com população de aproximadamente 320 milhões de habitantes em 2013 — o equivalente a 5% da população mundial. Esse número corresponde a cerca de 716 presos para cada 100 mil habitantes (James, 2013).

A incerteza, a insegurança e a quebra de garantias, segundo Bauman (2000), devem-se às transformações macroeconômicas e políticas, sendo, portanto, estruturais. Aparentemente, seria difícil agir sobre elas. Poderíamos apenas tentar controlar o sentimento de insegurança. Diz Bauman (*ibidem*, p. 56): "Transferir a ansiedade da insegurança e instabilidade globais, suas verdadeiras causas, para o campo da segurança privada é seguir no fundamental a mesma lógica".

Será essa a única saída? Ou apostamos em um país mais justo, com mais direitos?

Mais alguns números

Em 2004, a revista *Carta Capital* (n. 4.288, fev. 2003, p. 22) estampou como manchete "Um exército à solta" e apresentou dados alarmantes: "A indústria do medo faz circular cerca de R$ 100 bilhões por ano, 10% do PIB brasileiro, segundo números da Comissão de Direitos Humanos da Ordem dos Advogados do Brasil".

E hoje?

Brasil Econômico (SP): Custo da violência ultrapassa R$ 200 bi por ano no Brasil

Gastos crescentes independem do desempenho econômico e não garantem redução da criminalidade. Embora não haja dados atualizados disponíveis, é possível estimar que o Brasil gaste mais de R$ 200 bilhões anuais para suprir os custos impostos ao país pela escalada da violência. O valor — que um estudo do Instituto de Pesquisas Econômicas Aplicadas (Ipea) aponta ser equivalente a cerca de 5% de toda a riqueza gerada internamente — corresponde a um volume semelhante ao que se pleiteia para o aumento dos investimentos na área de educação, por exemplo. Trata-se de uma despesa crescente, independentemente do cenário econômico vivido pelo país. Tanto que, até mesmo nos anos em que o PIB esteve à míngua, o gasto com segurança pública cresceu, como em 2009. Segundo cálculo do Fórum Brasileiro de Segurança Pública, esse segmento representou quase R$ 50 bilhões em despesas em 2010, enquanto em 2003 significava menos da metade desse valor, R$ 22,6 bilhões. Ocorre que o prejuízo econômico gerado pela violência vai muito além dos gastos com segurança pública. Atinge diretamente também a saúde, o judiciário, o sistema prisional, o orçamento das famílias das vítimas e, indiretamente, a economia como um todo. "O problema é que não temos no Brasil uma política que freie a violência. O ganho econômico, promovido por meio de ações como o Bolsa Família, ajudam, mas precisamos fazer muito mais", pondera Nelson Calandra, presidente da Associação dos Magistrados Brasi-

A SOCIEDADE DA INSEGURANÇA E A VIOLÊNCIA NA ESCOLA

leiros (AMB). Segundo ele, esse processo passaria necessariamente pela educação — por exemplo, com ações em escolas para reduzir a presença de organizações criminosas nesse ambiente —, mas teria de envolver também um olhar sobre a desagregação familiar enfrentada pela sociedade e, além disso, uma grande mudança no sistema prisional, evitando o encarceramento por pequenos delitos. O custo de um preso para o Estado fica em torno de R$ 2 mil por mês. Há cerca de 500 mil detentos no Brasil e outros 160 mil à espera de vagas em presídios. Para alojá-los, segundo Calandra, seria necessário o desembolso de cerca de R$ 8 bilhões. Ainda que os dados atuais sobre os custos da violência diretamente impostos à saúde sejam escassos, na comparação das despesas com segurança pública, os gastos do Brasil não ficam atrás dos registrados por países nos quais os índices de criminalidade são mínimos. Por exemplo, em 2009, o investimento em segurança pública brasileiro representou 1,5% do PIB, enquanto o país registrou uma taxa de homicídio de 21,9 para 100 mil habitantes. Na Espanha, o gasto foi de 1,3% do PIB, para 0,7 homicídio/100 mil. "As despesas crescem ano a ano, mas é muito difícil mapear onde está esse gasto. E, na prática, gastar mais não implica que haja eficiência", diz Samira Bueno, coordenadora de pesquisa do Fórum Brasileiro de Segurança Pública. A dificuldade dessa relação direta entre os investimentos em segurança e a redução da criminalidade foi recentemente percebida em São Paulo — um dos Estados que mais desembolsam recursos na área. Segundo a Secretaria de Segurança Pública, foram R$ 11,82 bilhões em 2011, ante R$ 10,49 bilhões em 2010. Mas o próprio governador Geraldo Alckmin atribuiu publicamente, na semana passada, o aumento nos índices de violência no estado a "meses difíceis" enfrentados pela polícia paulista no combate à criminalidade. Os homicídios aumentaram 21% no primeiro semestre em comparação com o mesmo período do ano anterior. "Lamentavelmente, é a escalada da violência", reconheceu o secretário de Segurança Pública de São Paulo, Antonio Ferreira Pinto. (Bredarioli, 2012)

Transferem-se os medos, muitas vezes difusos, para a "segurança", para a lei e a ordem, para o Código Penal, com uma consequente "sobrecarga de segurança". É interessante ressaltar que essa "sobrecarga" é paralela à sensação de que estamos mais desamparados do que nunca. Essa "sobrecarga" aparentemente tem um efeito contrário ao que pretende sanar: aumenta o nosso medo.

Isso se deve, para Bauman (2000, p. 57) — e tal reflexão é fundamental para quem atua em educação —, à diluição da possibilidade de construção coletiva de um espaço público, de um espaço político: "Quando as coletividades deixam de construir e conservar os muros e fossos de proteção da cidade, cada um dos habitantes tem que frequentar cursos de caratê".

Quando não mais sabemos formular projetos comuns que nos orientem para a vida coletiva, construímos mais prisões.

Os detentos brasileiros

Em 2004, matéria veiculada pela *Folha de S.Paulo* de 14 de fevereiro de 2004 dizia que um estudo realizado pelo Departamento Penitenciário Nacional (Depen) indicava que "a população carcerária brasileira é hoje de 240.203 presos, o que significa que, no país, há 141 detentos por grupo de 100 mil habitantes. [...] São Paulo é o estado com maior número de presos, 99.026".

A última atualização dos dados relativos ao Depen ocorreu em dezembro de 2012, quando a população carcerária brasileira foi estimada em 548.003 presos. Todavia, estudos mais recentes comparam os números relativos a 2008 e 2009, nos estados e na Federação, verificando que em dezembro de 2009 o Brasil contava com 473.626 presos, ou seja, 247,35 detentos por grupo de 100 mil habitantes. São Paulo permaneceu como o estado detentor do maior número de presos, 163.915.

Buscamos, também, refúgio em comunidades que se organizam em torno das identidades. Verificamos, nos ambientes urbanos, a multiplicação das "tribos", dos grupos, das gangues, das comunidades fechadas. Quando não há como formular um projeto de vida em comum, reduzindo a incerteza (de que não seremos mortos, de que nada acontecerá com nossa família e com os bens — materiais e imateriais — que prezamos), a quebra de garantias (estaremos protegidos na velhice, poderemos enfrentar a doença, criar nossos filhos, educar nossos alunos), quando a segurança é a segurança física do corpo e dos bens, tememos os que são "estranhos", aqueles que são diferentes de nós.

Na visão de Bauman (2000, p. 22), "solitários amedrontados e sem comunidade ficarão procurando uma comunidade sem medos, e aqueles encarregados do espaço público inóspito continuarão a prometê-la".

É possível perceber o medo existente quando falamos nos linchamentos, nos cercamentos, nas comunidades muradas, na intolerância com aquele/aquela que é em algo "diferente".

Violência e punição

De acordo com dados publicados pela *Folha de S.Paulo* na edição de 12 de fevereiro de 2004, 60% dos paulistanos eram favoráveis à pena de morte e 80%, à adoção da prisão perpétua.

Em pesquisa efetuada pelo Instituto Datafolha em novembro de 2013 ("Perfil ideológico dos brasileiros"), 49% dos brasileiros entrevistados responderam ser favoráveis à pena de morte. Entre os anos de 2006 e 2012, houve uma queda de 11% no número daqueles que defendem a adoção da pena capital, acompanhada de 15% de elevação dos contrários a isso.

Em busca do espaço público – Outros significados de segurança e de esperança

Lendo a Declaração dos Direitos Humanos da Organização das Nações Unidas (ONU), vemos no artigo terceiro que todo indivíduo tem direito à vida, à liberdade e à segurança pessoal. Esse é, de fato, o primeiro artigo da declaração que enumera conteúdos dos direitos humanos. São os direitos fundamentais: vida, liberdade, segurança. Os dois primeiros artigos da declaração qualificam o significado de "todo", " todos", afirmando sua universalidade, independentemente de sexo, raça, etnia, religião, origem nacional ou regional, classe social. É uma reflexão interessante para o presente capítulo.

Podemos pensar no significado do "direito fundamental à vida" como o direito a que não nos tirem a vida, como o direito a não sermos mortos. Mas será só esse o significado de direito à vida? Se a premissa é termos a vida preservada, o direito à vida nos remete ao direito a uma vida digna. Uma vida com a dignidade advinda dos direitos sociais, com a segurança de que não só não seremos mortos, como também poderemos criar nossos filhos, educar nossos alunos, formular projetos para o futuro.

O artigo terceiro da Declaração dos Direitos Humanos chama nossa atenção para a sociedade contemporânea ao relacionar

A SOCIEDADE DA INSEGURANÇA E A VIOLÊNCIA NA ESCOLA

a vida, a liberdade e a segurança. São direitos altamente comprometidos. Qual é a nossa segurança, hoje? Não poderia esse direito ser pensado além da significação estreita de segurança física, trazendo à luz a necessidade de segurança no trabalho, segurança social, segurança moral?

Bauman ressalta o declínio da política e a dificuldade de pensarmos, de modo coletivo, num modelo de sociedade justa. Aparentemente, como as grandes decisões macroeconômicas são tomadas fora do âmbito da política, esta se tornou insignificante. Se não há soluções na política, alastra-se o conformismo ou explodimos em revoltas pré-políticas. Para esse autor, urge pensar sobre o que seria a sociedade justa e quais seriam os modelos do bem, da boa vida, que nos permitiriam definir os bens comuns, os bens públicos a ser preservados e defendidos.

Lima Lopes (1994, p. 27) propõe a seguinte compreensão do que seria um "bem comum":

> Numa sociedade livre o bem comum não é a conservação da vida tal como ela é, mas a conservação da vida — coletiva e individual — com a possibilidade dinâmica de ser diferente [...] Numa sociedade de homens livres, o bem comum é também um processo pelo qual se desvalidam regras e normas, se questiona a Justiça do *status quo*, se alteram as categorias sociais criadas normativamente.

Diz o mesmo autor que é a adequada e justa distribuição do acervo comum — as coisas comuns (aquelas não produzidas por ninguém, como os bens naturais); as coisas produzidas em comum; a autoridade, o poder e a liberdade; os incentivos a talentos individuais socialmente relevantes e desejados —

que propicia o bem comum, "aquela condição de realização de bens individuais, a busca da felicidade" (*ibidem*). Nessa definição está explícita a necessidade de reconhecimento coletivo do que a cada momento será identificado como um "bem comum" a ser distribuído e defendido. Esse reconhecimento se constrói, portanto, socialmente, e não incorporado de maneira uniforme pelos diversos grupos sociais. Reconhece-se, portanto, o conflito envolvido na determinação do que é "bem comum", do que é sociedade "justa" (para quem?) e em torno de quais bens públicos nos uniremos.

Essa tarefa é difícil na sociedade da insegurança: com o espaço público e a política tornados insignificantes, pareceria que a miséria e a dor são questões individuais e privadas. As soluções apresentadas são:

» incremento ou sobrecarga da segurança (entendida como segurança do corpo e dos bens) com a difusão do direito penal que cobre o vazio deixado pelo direito social;
» investimento sobre o corpo pessoal, estético e intelectual, pois parece que a culpa, por exemplo, do não ingresso no "mercado de trabalho" não se deve à inexistência desse mercado, mas sim ao indivíduo, que não "malhou", emagreceu, preparou-se, "qualificou-se", modelou-se;
» investimento no consumo, único momento possível de satisfação — "somos o que consumimos", "somos o que vestimos", "somos o carro que usamos".

Michael Moore, no documentário *Tiros em Columbine* (2002), retrata a sociedade quando aprisionada no círculo vi-

A SOCIEDADE DA INSEGURANÇA E A VIOLÊNCIA NA ESCOLA

cioso do consumo e do medo. A violência entre aqueles que se "estranham" é uma alternativa.

Hoje, quando o país vive situações de violência intensa mesmo com o pleno emprego e novas garantias, fica claro que os caminhos do investimento no consumo, no direito penal e no corpo individual não são uma saída nem explicam como viver juntos com justiça.

Bauman (2000, p. 10) — e outros, como Sousa Santos (2001) — aponta o desafio de procurar "alavancas controladas e poderosas o bastante para tirar os indivíduos da miséria sofrida em partículas; espaço em que as ideias podem nascer e tomar forma como 'bem público', 'sociedade justa' ou 'valores compartilhados'". Chama a atenção para a importância do conhecimento, que nos permitiria responder à pergunta: "O que acontece conosco?" O autor sugere a reinvenção da arte da política. Esta, "se for democrática, é a arte de desmontar os limites à liberdade dos cidadãos; mas é também a arte da autolimitação: a de libertar os indivíduos para capacitá-los a traçar, individual e coletivamente, seus próprios limites individuais e coletivos" (*ibidem*, p. 12).

Esse é o caminho a ser construído.

.....

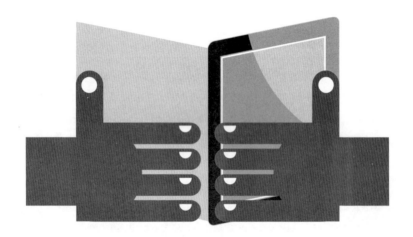

2
A VIOLÊNCIA NA SOCIEDADE DA INSEGURANÇA

Silêncio! A gramática da violência

É difícil falar sobre a violência. Devemos sempre nos perguntar se nossas falas não serão fracas, inoperantes, insignificantes. Se, nesse cenário de violência tão intensamente apresentada e representada, nossas falas não são inertes, medíocres, banais.

Proponho, para tentar superar o impasse, que esse é justamente um dos primeiros efeitos ocasionados pela violência quando deixa de "caber" nos marcos antigos, que nos diziam que ela era uma anomalia, efeito de uma situação de anomia social, fruto de um desvio, de mentes perturbadas. A violência quebra os discursos que estavam prontos, arranjados, arrumados e instaura um questionamento profundo daquilo que era considerado "normal". Coloca-nos no corpo a corpo. Um poema de Paul Celan (*apud* Bettelheim, 1989, p. 97) retrata muito bem o silenciamento provocado pela violência, a dificuldade em representar a catástrofe: "[...] eles cavavam e não mais ouviam: eles não se tornaram sábios, não inventaram nenhuma canção, ou qualquer tipo de linguagem".

Há um debate em curso sobre a "linguagem da violência". Gostaríamos de sugerir a problematização desse tema: qual será essa linguagem, a gramática que a rege, que faz que possa ser

A SOCIEDADE DA INSEGURANÇA E A VIOLÊNCIA NA ESCOLA

amplamente abordada de determinado lugar discursivo, predominantemente jurídico/médico, epidemiológico/militar? As perguntas seriam: quem pode falar, contra quem, a favor de quem, de que maneira?

Analisando as relações de poder incluídas nessa gramática, vê-se que existem aqueles reduzidos ao silêncio. Um dos silêncios centrais é o das vítimas (da violência, da doença, da corrupção) "faladas" por outros. Há uma associação entre a importância da dor e a conquista de algo chamado "maturidade". O poema de Paul Celan retrata muito bem, em contraposição a essa visão, o silenciamento provocado pela violência, a dificuldade em representar a catástrofe. Não nos tornamos mais sábios. Não se criam discursos audíveis quando essas questões — públicas e políticas — são analisadas como privadas e vistas sob o registro de doença/desordem[2].

Diz Levi (1988, p. 18): "Tudo era silêncio, como num aquário e como em certas cenas de sonhos". Mesmo com grande esforço e enorme sensação de cansaço, nosso desafio é tentar inventar novas palavras ou recuperar outras um pouco esquecidas. Exercitar o olhar informado, detectar a multidimensionalidade da violência, onde e como ocorre, a quem envolve, como agir, como reparar os danos.

A violência é multidimensional

Uma pergunta que sempre faço quando me pedem para falar sobre violência é: "De que violência vocês querem que eu fale?

---

2. Diz Enriquez (1974, p. 88-89): "O discurso da violência é um discurso sem voz [...] o que ela promove não é o reino do discurso, que permite o reconhecimento mútuo, é o do corpo a corpo sem mediação, da hegemonia direta dos senhores sobre os escravos".

Da violência das paixões? Da violência que acontece na família — contra a mulher, a criança, o idoso, o portador de 'necessidades especiais', contra aquele(a) que tem uma orientação sexual diferente? Da violência do desemprego, da fome, da falta de acesso e de oportunidades, da falta de justiça? Da violência das instituições? Da violência das escolas, das prisões, da polícia? Da violência da corrupção? Da violência do preconceito, do racismo, da discriminação, dos crimes de ódio, entre tribos, entre aqueles que se juntam e consideram o outro um inimigo a ser aniquilado? Da violência da criminalidade?"

A que tipo de violência nos referimos quando falamos em violência? Essa é a primeira pergunta a ser feita.

Um exemplo dessa multidimensionalidade do objeto pode ser encontrado nas coletâneas que existem sobre o tema. Examinando o sumário de uma coletânea de excelente qualidade, publicada pela Fundação Seade (Vários autores, 1999), encontramos os seguintes temas: violência e crime no Brasil da redemocratização; novos processos sociais e violência; ética política e mal-estar na sociedade; desigualdade e limites do governo das leis; corrupção e violência; violência nas prisões; imagem e violência; cultura da violência na cidade; a fratria do *rap* na periferia; políticas públicas de segurança e a questão policial; o custo da violência; exclusão territorial e violência; homicídios em São Paulo; o massacre de Eldorado de Carajás; violência na família: "Já se mete a colher em briga de marido e mulher" (Saffioti, 1999).

Há violências diferentes implicando atores (sujeitos) diversos e acontecendo sob formas diferentes (violência física, psicológica, emocional, simbólica). Cada uma exige respostas de diferentes dimensões — macro e micro —, que se relacionam

A SOCIEDADE DA INSEGURANÇA E A VIOLÊNCIA NA ESCOLA

de maneiras peculiares. Em todos os casos, há agressores específicos e vítimas.

Há vítimas em todos esses casos. Chamamos a atenção para os raros trabalhos sobre as vítimas da violência urbana. Há um acervo de experiências e estudos sobre crianças, jovens e mulheres vítimas da violência doméstica, violência sexual e maus-tratos; há uma preocupação com a criação de políticas públicas de atendimento, ainda que insuficientes e não integradas na ação escolar. Insuficientes, inclusive, por não considerarem que, além da vítima direta, há vítimas indiretas nessas situações. Não contamos, no entanto, com trabalhos sobre a problemática da criança, do jovem e do adulto em contato direto com a morte violenta e com a violência característica da criminalidade urbana, com a vitimização direta ou indireta por ela produzida. São ações necessárias que oferecem condições para que o sofrimento psíquico encontre alívio e o circuito da violência seja rompido em seu mecanismo mais delicado: aquele que é produzido silenciosamente no interior das vítimas. Há, também, de fato, poucos trabalhos sobre os agressores. Quem são realmente? Que experiências os levaram ao crime?[3] Há, portanto, um círculo de silêncio em torno dos protagonistas da violência. Sem voz própria, eles são representados por especialistas, criminologistas, psiquiatras. Não falam[4].

Além da vitimização direta, há um tipo difuso ou coletivo que afeta a todos. Não somos mais os mesmos após os relatos

---

3. Além do já citado *Tiros em Columbine*, de Michael Moore, indicamos as películas *Elefante* (2003), dirigido por Gus Van Sant, e *Morte densa* (2003), de Kiko Goifman, excelente documentário com pessoas que cometeram homicídio.

4. Gostaria de mencionar iniciativas governamentais existentes em várias cidades do Brasil, como o Centro de Referência e Apoio à Vítima, em São Paulo, primeiro centro a oferecer atendimento a vítimas indiretas da violência urbana, especificamente crimes fatais.

da mídia, que cotidianamente nos apresenta o horror dos crimes urbanos, das imagens das guerras internacionais. Vamos sendo construídos como subjetividades atemorizadas.

Veem-se a multidimensionalidade e a complexidade desse conceito, dessa palavra que se abre, expande-se em muitas direções. Se o objeto é complexo, fica claro que não daremos conta dele de modo simplista. As respostas ao desafio de encarar com firmeza a nossa violência também precisam ser complexas e contemplar essas múltiplas dimensões. Essas violências, além disso, dialogam de maneiras diferentes e peculiares entre si. Urge ver e reparar, superar a "opacidade".

Violência: definições possíveis

Segundo Yves Michaud (1989), a violência introduz o desregramento e o caos num mundo estável e regular. Aqui ainda estamos falando da violência num sentido bem geral: talvez seja a violência do vento, da tempestade, do mar, de uma paixão, da guerra ou do crime. Nesse primeiro momento, ela está associada a uma força que foi além dos limites e escapou das previsões; é uma força que provocou uma ruptura em um mundo considerado "estável e regular".

Indo além, Michaud (1989, p. 13) diz que

> há violência quando, numa situação de interação, um ou vários atores agem de maneira direta ou indireta, maciça ou esparsa, causando danos a uma ou várias pessoas, seja em sua integridade física, seja em sua integridade moral, em suas posses, ou em suas participações simbólicas e culturais.

A SOCIEDADE DA INSEGURANÇA E A VIOLÊNCIA NA ESCOLA

Nessa definição, Michaud introduz a violência social, aquela existente entre os membros de uma sociedade. Propõe, assim, uma delimitação ampla: a violência é compreendida além do âmbito físico (a violência em si), sendo vista como psicológica ou moral, como causadora de danos à pessoa ou à sua extensão — família, vizinhança, bens. Nesse caso, a discriminação, por exemplo, é uma violência, pois atinge a integridade moral de uma pessoa, afetando sua participação simbólica e cultural na sociedade.

Marilena Chaui (1999) contrapõe violência e ética. Diz ela:

> Violência é um ato de brutalidade, sevícia e abuso físico ou psíquico contra alguém e caracteriza relações intersubjetivas e sociais definidas pela opressão e intimidação, pelo medo e pelo terror. A violência se opõe à ética porque trata seres racionais e sensíveis, dotados de linguagem e de liberdade, como se fossem coisas, isto é, irracionais, insensíveis, mudos, inertes ou passivos.[5]

Essa definição é ampla e moderna: indo além da violência física, incorpora aquela psíquica. Condutas que comportam humilhação, vergonha e discriminação são consideradas hoje violentas. Além de falar da violência interpessoal ou intersubjetiva, Chaui menciona a violência social, que abarca a dimensão estrutural da violência própria da sociedade. Podemos, portanto, falar da violência da ameaça de desemprego ou do próprio desemprego, da fome, da miséria, da exclusão. Para a autora, existe violên-

---

5. Chamamos a atenção para a obra *Os estabelecidos e os outsiders*, excelente estudo sobre as formas de estigmatização, especialmente quando recaem sobre os jovens (Elias e Scotson, 2000).

cia quando tratamos sujeitos, seres livres, racionais e sensíveis, como coisas.

Tais descrições dialogam com o entendimento sobre quais são os direitos humanos: um conjunto de direitos civis, políticos, econômicos, sociais, culturais e ambientais. Assim, as violações dos direitos humanos individuais ou coletivos são vistas, progressivamente, como dimensões da violência.

A violência tem história – A história da violência

Lidamos com a quebra de um mito, ou, segundo Marilena Chaui (1996/1997, p. 120), de um preconceito muito brasileiro, que nos informa que somos não violentos, pacíficos e ordeiros por natureza. Para a autora:

> Um dos preconceitos mais arraigados em nossa sociedade é o de que "o povo brasileiro é pacífico e não violento por natureza", preconceito cuja origem é antiquíssima, datando da época da descoberta da América, quando os descobridores julgavam haver encontrado o Paraíso Terrestre e descreveram as novas terras como primavera eterna e habitadas por homens e mulheres em estado de inocência. É dessa "Visão do Paraíso" que provém a imagem do Brasil como "país abençoado por Deus" e do povo brasileiro como cordial, generoso, pacífico, sem preconceitos de classe, raça e credo. Diante dessa imagem, como encarar a violência real existente no país? Exatamente não a encarando, mas absorvendo-a no preconceito da não violência.

Questiona-se a visão histórica que relata um encontro feliz entre raças, com uma colonização benigna, que nos diz que vivemos em um país sem guerras ou revoluções sangrentas, sem tufões, ciclones, terremotos, "bonito por natureza". Os direitos, mais do que conquistados, teriam sido dádivas de governantes benevolentes. A Independência, a República, a Abolição da escravatura, a conquista dos direitos sociais tornam-se, nessa visão, fruto da atuação de alguns homens visionários. Aparentemente foram "concedidos". Ficam guardadas — nos porões da memória coletiva — as lutas. Viveríamos em um país que se pensa, então, como avesso ao conflito. Um país que se pensa sob a ótica do consenso. Aqui, conflito vira sinônimo de violência. Brasil: horror aos conflitos! Talvez essa seja uma das razões para a nossa pequena adesão à democracia. Afinal, esta se caracteriza por sua capacidade de lidar com o dissenso: mais do que o consenso, a possibilidade de lidar de forma não violenta e mortal com o dissenso é o que diferencia a democracia de outras formas de governo.

Percorrendo rapidamente outros escritos sobre a história brasileira, não podemos deixar de destacar o clássico de Maria Sylvia de Carvalho Franco, *Homens livres na ordem escravocrata* (1983). Na obra, ao falar sobre o mundo dos homens livres tendo como *presença ausente o* escravo, a autora diz que, ao escravo "esteve ligado não só o destino de seus proprietários, como também a sorte dos homens livres e pobres" (p. 9). No capítulo "O código do sertão", ela relata casos de homicídio em pequenas comunidades no século XIX.

[...] de uma perspectiva racional, na quase totalidade dos casos examinados, será inevitável constatar uma desproporção entre os motivos imediatos que configuraram um determinado contexto de relações e seu curso violento [...] os ajustes violentos não são esporádicos, nem relacionados a situações cujo caráter excepcional ou ligação expressa a valores altamente prezados os sancione. Pelo contrário, eles aparecem associados a circunstâncias banais, imersas na corrente do cotidiano [...] essa violência atravessa toda a organização social, surgindo nos setores menos regulamentados da vida, como as relações lúdicas, e projetando-se até a codificação dos valores fundamentais da cultura. (*Ibidem*, p. 24-25)

A violência tem história, que se expressa em continuidades (por exemplo, a permanência desta, na resolução de conflitos entre vizinhos e na família, com suas consequências fatais) e em rupturas (atos que não eram vistos como violentos começam a ser percebidos como tal). Um exemplo desse segundo caso é a violência contra a mulher. Durante muito tempo, considerou-se a ação violenta do marido contra a mulher uma atitude disciplinadora, muito semelhante à praticada contra as crianças. Um ditado reflete tal mentalidade: "Em briga de marido e mulher ninguém mete a colher". Hoje, refletindo as transformações das relações de poder na família, formalizadas no novo Código Civil, temos a criminalização da violência doméstica. Ainda que pouco usada no Judiciário, a Lei Maria da Penha oferece novas proteções no caso da violência contra a mulher. Há instituições governamentais criadas para receber as denúncias das mulheres vítimas de violência: delegacias da mulher e casas-abrigo. Há ainda organizações não governamentais (ONGs) que desenvolvem trabalhos de suporte. Essa violência, antes "invisível", hoje é encarada devido à mudança nas relações sociais, à presença do movimento feminista e às organizações de apoio que a denunciam há anos.

A SOCIEDADE DA INSEGURANÇA E A VIOLÊNCIA NA ESCOLA

A violência é falada na linguagem das epidemias – A gramática da violência

Na última década, em vários estados e municípios, muito se tem falado sobre epidemias. Tivemos, por exemplo, as epidemias de gripe suína e de dengue, prontas para atacar sem distinção de sexo, idade, cor da pele e posição social.

Porém, outras epidemias se fazem presentes nos discursos políticos e jornalísticos. Fala-se na "epidemia" da violência, exigindo-se, assim, vigilância constante sobre a nossa liberdade e um olhar médico, sociológico, pedagógico e criminológico, principalmente sobre homens jovens —perpetradores e vítimas preferenciais. Nesse caso, ao contrário do mosquito da dengue, que ataca indiscriminadamente, de forma democrática, provocando a doença em bairros pobres e ricos, verifica-se a existência de territórios violentos, bem como vítimas de idades, sexo, raça/etnia e condição social preferenciais. Há discursos, portanto, que tratam a violência (termo que agrupa um grande número de práticas heterogêneas, envolvendo conflitos e atores diferentes) do ponto de vista epidemiológico, como uma questão de saúde pública, retratando uma sociedade doente que exige a intervenção de determinados setores. O ponto de cruzamento forte da medicina (saúde/doença) com a "violência" (da criminalidade urbana violenta) é a droga, vista como fonte primeira do "mal".

Estaríamos, assim, envoltos por "males" que exigem soluções e respostas. Se o tratamento da dengue do ponto de vista epidemiológico é evidente, podemos encarar a emergência de outras questões — violência e corrupção — como "problemas sociais" sob a metáfora da "epidemia".

A primeira ideia sugerida pela utilização intensiva da metáfora da epidemia é de que algo que estava "fora" irrompe: a epidemia é vista como a invasão de um "outro" proveniente de um tempo ou de outro lugar diverso. A sociedade é percebida como um organismo cujo sistema imunológico está enfraquecido ou desorganizado. A colocação do problema como proveniente de uma exterioridade, de "outros" caracterizados como "vírus" ou como "ogros" sugere a existência de uma tática: ao separar, podemos combater. Urge separar o sadio do doente, dividir o que pertence ao passado do que pertence ao presente para atuar, para extirpar, para combater.

Essa separação, essa colocação do fenômeno fora, do lado de lá, permite dada caracterização do problema, assim como de seus responsáveis, e sugere formas de atuação. Usam-se termos fortes, que conclamam a ação urgente diante dessa emergência, dos desastres, dos ataques, das invasões microbianas que justificariam a necessidade de intervenção radical, combate, guerra. São termos mobilizadores, próprios de um confronto social — são termos de luta. Não admitem réplica: quem poderia questionar a necessidade de intervir em um organismo doente? A saúde não é o supremo bem? Quem questionaria a intervenção ante uma epidemia? Criam-se, desse modo, linhas divisórias entre homens do bem e homens do mal, trabalhadores e bandidos, honestos e desonestos.

Tais discursos, portanto, promovem uma visão de "sociedade", forçando determinada perspectiva sobre os conflitos que esses temas expressam. Implicam determinadas "soluções" que fortalecem modos específicos de exercer o poder.

Porém, os discursos que cercam a "questão da violência" são relativamente heterogêneos: se o discurso epidemiológico é dominante na imprensa e em programas de partidos políticos, em algumas propostas de políticas públicas é mais disputado por abordagens antropológicas, sociológicas e psicológicas que escapam a essa visão. Aparecem, assim, outras possibilidades de atuação sobre o problema, que se desviam da visão médico-epidemiológica.

A violência compreendida como fruto da criminalidade

Segundo Sousa Santos *et al.* (1996, p. 39),

> a corrupção é, conjuntamente com o crime organizado ligado sobretudo ao tráfico da droga e ao branqueamento do dinheiro, a grande criminalidade desse terceiro período (crise do Estado-Providência) e coloca os tribunais no centro de um complexo problema de controle social.

No 9º Congresso das Nações Unidas sobre Prevenção do Crime e Tratamento dos Transgressores, o então secretário-geral da ONU, Boutros Boutros-Ghali (1995, p. 2), fez o seguinte comentário:

> Os poderosos cartéis do crime estão fora do alcance das leis nacionais e internacionais [...] esses elementos criminosos se aproveitam tanto da liberalidade da nova ordem econômica internacional quanto das diferenças existentes nas leis e práticas dos países. Eles movimentam gigantescas somas de dinheiro, que usam para subornar autoridades, sendo alguns desses impérios do crime mais ricos do que muitas nações do mundo.

O secretário-geral da ONU chama a atenção para o crime organizado internacional, que se vincula à nova ordem econômica, e para as diferenças existentes entre as leis internas e as práticas dos países no comércio e nas relações internacionais (onde impera o "vale-tudo").

A caracterização da violência como eminentemente urbana gerou um problema central para o Estado moderno, pensado teoricamente como o único depositário do uso legítimo da violência. Convive-se, em nossas cidades, com exércitos de seguranças particulares armados, fracamente fiscalizados.

Cabe assinalar, aqui, uma discussão clássica sobre os efeitos dessa situação para a construção da democracia. A sucessão sem-fim de casos que se apresentam no cenário urbano cria a sensação profunda de insegurança e medo, provocando um retraimento generalizado das pessoas; estas se cercam em suas casas, abandonando em maior ou menor medida os espaços públicos. Constituímo-nos como cidadãos atemorizados, com fraca participação pública, minando, assim, os esforços pela ocupação de espaços na política e na gestão da coisa pública, imprescindíveis para a construção democrática. É um efeito similar ao da sucessão de denúncias de corrupção que constroem a imagem da política como algo "sujo", reservado, portanto, para os desonestos — conformando, desse modo, cidadãos avessos à política. Trata-se de mais um problema central na luta pela construção da democracia, que exige cidadãos participantes.

Podemos reparar, todos os dias, na relação profunda entre a violência (da guerra, do tráfico de drogas, do crime organizado, da criminalidade urbana) e o poder econômico. Constata-se que a violência gera lucros: sustenta um grande número de atividades econômicas legais, cria empregos, como os da indústria da

A SOCIEDADE DA INSEGURANÇA E A VIOLÊNCIA NA ESCOLA

"segurança" (ou da insegurança e do medo), com suas câmeras, muros, segurança particular. A polícia clama por mais equipamentos para fazer frente ao poder letal dos bandidos. A indústria de armas parece mais potente do que nunca. O crime movimenta grandes quantias nos bancos. Ao mesmo tempo, algumas leis tentam cercar a "lavagem de dinheiro" e novas formas de investigação procuram dar conta do perfil contemporâneo do crime.

O número de pessoas presas no mundo cresce vertiginosamente, levando alguns autores a declarar que passamos do Estado social para o Estado penal, da sociedade previdência para a sociedade penitência (Wacquant, 2001a, 2001b). Esse aumento de pessoas presas é paralelo ao aumento do sentimento de insegurança.

O aumento da população carcerária e da violência

A população carcerária mundial ultrapassou, em 2013, o número de 10 milhões de detentos, o que representa um aumento de 30% nos últimos 15 anos. Esses dados são do último levantamento feito pelo International Centre for Prison Studies (ICPS). O instituto independente é sediado, desde 2010, na University of Essex (Reino Unido). Ainda de acordo com o relatório, se considerados os presos "sob custódia" na Coreia do Norte, o número ultrapassa os 11 milhões. Entre 2013 e 2014, a população carcerária mundial aumentou de 144 detentos por 100 mil habitantes para 155 por 100 mil habitantes. Nesse levantamento, o Brasil ocupa a quarta colocação, sendo precedido por Estados Unidos, China e Rússia, respectivamente (International Centre for Prison Studies, 2013).

Enquanto o total de presos cresceu cerca de 30% nos últimos 15 anos em todo o mundo, segundo estudo do Centro Internacional de Estudos Penitenciários (ICPS, na sigla em inglês) da Universidade de Essex (Reino Unido), no Brasil a taxa foi de 221,2% – passando de um total de 170,6 mil presos em 1997 para 548 mil em 2012, de acordo com o Ministério da Justiça. Com 513.713 presos no sistema prisional e 34.290 em instalações policiais, o Brasil tem hoje 1.478 instituições prisionais com capacidade para comportar 318.739 presos. O déficit de cerca de 230 mil vagas demonstra o sufocamento de um sistema que opera muito acima do que sua estrutura comporta. Segundo números compilados pelo ICPS, o Brasil atingiu um nível de ocupação de 171,9% de suas prisões. Dos quatro países com maior população carcerária do mundo (os outros são Estados Unidos, China e Rússia), o Brasil é o único cujo sistema carcerário está muito acima da sua capacidade. O País aparece em sétimo na lista de sistemas prisionais com supertaxa de ocupação, perdendo apenas para Haiti, Filipinas, Venezuela, Quênia, Irã e Paquistão. Apesar de representarem as três maiores populações carcerárias do mundo, EUA, China e Rússia operam dentro de sua capacidade prisional. (Gombata, 2014)

Trata-se, porém, de perceber o contexto da violência atual, sua relação estrutural com esse sistema econômico que, ao transformar-se, cria um impacto profundo no mundo do trabalho e do consumo. Essa é a primeira premissa para que possamos agir sem ingenuidade: o crime é uma das atividades econômicas mais importantes no sistema mundial. Essa dimensão econômica e essa relação estrutural são muitas vezes ignoradas.

A SOCIEDADE DA INSEGURANÇA E A VIOLÊNCIA NA ESCOLA

O desafio de "ser alguém na vida" – Agressores e vítimas nos crimes urbanos

Já apontamos a multidimensionalidade da violência, sua detecção em espaços e relações distintas. Em cada uma das dimensões apontadas há agressores e vítimas. Mulheres, crianças, idosos, portadores de necessidades especiais – nos casos de violência na família. Os agressores? Geralmente pais, padrastos, maridos e companheiros. Mas há uma clara tendência a identificar a violência com a violência da criminalidade urbana, especialmente no que se refere aos crimes fatais.

Retratos da violência

Ao considerar o número de mortos no Brasil entre 1980 e 2011, o Mapa da Violência 2013 (Waiselfisz, 2013) atesta que 1.145.908 brasileiros foram vítimas de homicídio. No período, essa taxa cresceu 132,1% no país, passando de 11,7 mortos por 100 mil habitantes, em 1980, para 27,4 homicídios por 100 mil em 2011. O número total de mortes violentas, incluindo as vítimas de homicídio, acidentes de transporte e suicídio, totalizou 2.347.082 brasileiros. No período, os suicídios apresentaram crescimento de 56,4%, enquanto os óbitos em acidentes de transporte tiveram elevação de 28,5%.

A ampliação dos assassinatos, que começou no início da década de 1980, permanece quase inalterada até 2003. Nos dois anos seguintes, ocorreu uma queda nos índices de homicídio, que passaram para 6,4% e 4,4%, respectivamente. Tal dado pode ser explicado pelas políticas de desarmamento ou, ainda, por medidas específicas de segurança tomadas por unidades da Federação.

Porém, essas flutuações e quedas ocorridas até 2007, quando essa taxa começou a apresentar uma tendência de estabilização, acontecem com números extremamente elevados de violência: em torno de 27 homicídios por 100 mil habitantes — destes, 92% eram homens. Mesmo com índice inferior, houve, em 2013, 4,5 mil mulheres vítimas de homicídio. Durante o período considerado, morreram assassinadas 96.612 mulheres — metade delas apenas neste século.

O Mapa da Violência 2013 compara também os índices nacionais de homicídio com os 12 maiores conflitos mundiais, ocorridos entre 2008 e 2011. Neles, foram vitimadas 169.574 pessoas, enquanto, no Brasil, esse número foi bem maior, totalizando 206.005 vítimas de homicídio.

Os dados apontam a "nordestinização" e "interiorização" das mortes. Se Maceió desponta nesse triste *ranking* como campeã de homicídios, São Paulo é uma das capitais que mais reduziram suas taxas desde 2006. Disputa, com Florianópolis, a menor taxa, em torno de dez homicídios por 100 mil (número considerado pela Organização Mundial da Saúde divisor de águas entre uma situação "normal" e outra "epidêmica"). O decréscimo dos assassinatos em São Paulo é estudado em sua complexidade: melhoria de condições de vida e de emprego, desarmamento, fechamento de bares, aumento da idade média dos moradores de zonas críticas, ações sociais, aumento da escolaridade, aumento da ação policial e número recorde de prisões, influência de grupos ligados ao crime organizado que, com seus tribunais locais, inibem e punem crimes naquele território.

Não há uma única causa, assim, para tal redução em São Paulo: estas se entrecruzam e se reforçam mutuamente, refletindo a complexidade do fenômeno do "homicídio".

A SOCIEDADE DA INSEGURANÇA E A VIOLÊNCIA NA ESCOLA

Se analisarmos os índices de homicídio nas grandes cidades, podemos perguntar: quem morre e quem mata? Quem é vítima e quem é agressor? Constata-se a semelhança de perfil entre ambos:

> As mortes violentas no Brasil ao longo destas últimas décadas vêm assumindo proporções cada vez maiores [...] Embora não seja fenômeno exclusivo da sociedade brasileira, uma vez que ela atinge vários países com diferentes níveis de desenvolvimento [...] muitos estudos têm se dedicado a este problema. Em geral, consideram mais especificamente a questão da violência urbana [...] Indicam que as principais vítimas de homicídio são jovens do sexo masculino, de cor parda ou negra, com baixa escolaridade e pouca qualificação profissional. (Maia, 1999, p. 121)

Esses estudos mostram o impacto dos homicídios na expectativa de vida da população masculina entre 15 e 34 anos. A maior concentração de crimes fatais acontece na faixa entre 17 e 24 anos. Geograficamente, tais incidentes encontram-se delimitados de forma muito clara: atingem jovens moradores de regiões periféricas urbanas.

A geografia da violência

Vejamos o que diz Raquel Rolnik (1999, p. 100) sobre o assunto:

> Se tivéssemos que apontar apenas um elemento — comum e suficientemente forte — para definir cidades brasileiras histórica e regionalmente distintas, este seria sem dúvida a existência (e permanência no tempo) de contrastes profundos entre condições

urbanas radicalmente distintas convivendo, muitas vezes confli-
tando, no interior da mesma cidade. Os morros e o asfalto na zona
sul do Rio de Janeiro, o centro e as periferias da metrópole paulis-
tana, o mangue e a orla da cidade à beira-mar são traduções terri-
torialmente distintas da desigualdade de oportunidades urbanas
que define nossas cidades.

Uma série de fatores conflui e constitu o ambiente para
o aparecimento dos crimes fatais. A pergunta central poderia
ser formulada do seguinte modo: "Que projetos de vida podem ser desenvolvidos em regiões geográfica e socialmente de
inclusão-exclusão precária e instável? Quais são as perspectivas de futuro?"

Elias e Scotson (2000, p. 144-45), em sua clássica pesquisa
Os *estabelecidos e os outsiders*, descrevem as situações dos jovens *outsiders* de um bairro operário inglês:

> Os jovens comuns, em outros meios sociais, cedo aprendem a
> pensar em si em termos de futuro. Para a maioria dos jovens in-
> disciplinados do loteamento, porém, era difícil ter qualquer vi-
> são de si mesmos a longo prazo. Eles viviam no presente e para
> o presente. Essa era outra diferença que contribuía para erguer
> barreiras entre eles e os demais. Eles não entendiam o que sen-
> tiam, como pensavam e de que modo viviam as pessoas do outro
> lado das barreiras, e estas, por sua vez, não compreendiam es-
> tes jovens turbulentos; sua reação indicava com perfeita clareza
> que, para elas, tais adolescentes eram, quase que literalmente,
> "ninguém". Quanto aos jovens, como sucede a outras pessoas,
> eles queriam ser "alguém". Mas a única maneira de mostrar aos

que os tratavam como "ninguém" que de fato eles eram "alguém" era inteiramente negativa [...] a lógica de seus sentimentos e atos parecia ser: "Vamos obrigá-los a prestar atenção a nós, se não por amor, ao menos por ódio". Ao agir de acordo com este sentimento, eles ajudavam a reproduzir a própria situação de que tentavam escapar.

E as meninas, onde estão?

Estudando mais que os meninos. Talvez ganhando menos por igual posição no mercado de trabalho, ainda que com maior escolaridade. Tal situação, que se reflete no temor de "não ser nada na vida", pode ser relacionada com outras questões sociais que invadem as manchetes e nos preocupam, como o aumento do número de casos de gravidez na adolescência. Esta pode ser interpretada como um meio de escapar da falta de perspectivas coletivas de uma vida melhor, da condenação de "não ser nada na vida": ser mãe é uma forma de inclusão, de identidade positiva, de ter um lugar, de ser algo na vida.

Outra alternativa para ser "alguém" é, para algumas meninas, o ingresso no crime. Em 21 de março de 2004, reportagem publicada por Gilmar Penteado na *Folha de S.Paulo* mostrava que o número de meninas ingressas na Febem — hoje Fundação Casa (veja a seguir) — crescera muito nos últimos anos. "Fui eu que quis, ninguém me influenciou", "Foi pelo dinheiro fácil", "Gostava de andar na moda" e "Só queria balada" foram algumas das justificativas apresentadas pelas garotas para cometer crimes. Comenta o repórter: "Nos relatos, não existe o papel de vítima. Assumem a responsabilidade pelos crimes que cometeram — roubo qualificado e tráfico de drogas são os principais

— com uma maturidade que contrasta com a voz fina, tranças e enfeites no cabelo".

Criado em dezembro de 2006, o Centro de Atendimento Socioeducativo ao Adolescente (Fundação Casa) veio substituir a antiga Fundação Estadual do Bem-Estar do Menor (Febem). A mudança na nomenclatura veio acompanhada da descentralização do atendimento. Segundo informações constantes no site da Fundação, em 2005, 82% dos adolescentes do estado estavam em grandes complexos na capital. Com a descentralização, a equação se inverteu: cerca de 44% estão no interior, 38% na capital e o restante distribuído na Grande São Paulo (12%) e no litoral (5%). Tal distribuição foi possível graças à criação de novos centros socioeducativos. Ainda segundo informações presentes no site da Fundação Casa, houve uma expressiva queda nas taxas de reincidência e na ocorrência de rebeliões depois da nova medida. Em 2006, na época da antiga Febem, 29% dos jovens em internação voltavam a cometer crimes. Hoje, a taxa está em torno de 13%. As rebeliões caíram de 80 ocorrências em 2003 para apenas uma em 2009.

Reportagem publicada por Tahiane Stochero no site G1 em 2011 cita "inédita pesquisa" feita pela Fundação Casa a respeito dos atos infracionais dos jovens internados. Os dados (reproduzidos abaixo na íntegra) mostram o aumento do "roubo qualificado" e do "tráfico de drogas", que entre os anos de 2006 e 2010, na capital, subiram de 67,7% para 71,4% e de 9,8% para 13,3%, respectivamente. Já no litoral e no interior houve aumento do tráfico e declínio do roubo.

REGIÃO	ATO INFRACIONAL	2006 (%)	2010 (%)
Capital	Roubo qualificado	67,7%	71,4%
Capital	Tráfico de drogas	9,8%	13,3%
Capital	Furto	5%	4,6%
Grande São Paulo	Roubo	54,9%	46,6%
Grande São Paulo	Tráfico	22,1%	38,2%
Grande São Paulo	Homicídio	5,6%	---- *
Interior	Roubo	38%	25,5%
Interior	Tráfico	24,9%	47,1%
Interior	Homicídio	6%	---- *
Litoral	Roubo	56,2%	39,4%
Litoral	Tráfico	25,5%	40%
Litoral	Homicídio doloso	2,8%	---- *

* O crime não está entre os cinco maiores no ano.

E como se dá a distribuição étnica dos adolescentes infratores? A tabela a seguir mostra que a grande maioria é composta de pretos e pardos:

ETNIA	PORCENTAGEM DE ADOLESCENTES APREENDIDOS
Amarela	0,46%
Branca	30,63%
Indígena	0,20%
Parda	54,84%
Preta	13,88%
N/I	0,00%
Total	100,0%

Fonte: Boletim estatístico de 21 fev. 2014. Disponível em: <http://www.fundacaocasa.sp.gov.br/pdf/Boletim/posicao_20140221.pdf>. Acesso em: 3 mar. 2014.

São reflexos da sociedade da insegurança nos setores mais vulneráveis: meninos e meninas jovens que convivem com o medo de não ser "nada na vida", de não ser "ninguém".

Hannah Arendt – A importância de diferenciar poder de violência

Falamos bastante sobre violência e relações de poder. Em que momento esses dois termos se confundem? Qual é a ligação entre eles? Aparentemente, a possibilidade de uso da violência refletiria uma posição privilegiada de poder. Um país usa a violência contra outro quando tem mais poder? Um homem usa a violência contra a mulher ou o filho porque tem mais poder? Hannah Arendt (1973) diferencia esses termos: propõe que não apenas ocupam dimensões diferentes, como se opõem. Essa discussão é muito importante para nós, que trabalhamos com educação: já trouxemos a alternativa proposta por Bauman (2000) de reconstrução do espaço público e da Política (com pê maiúsculo). Vivemos, nas duas últimas décadas no Brasil, anos que nos trouxeram, lado a lado, o crescimento da desigualdade social, o aumento da violência criminal e a tentativa de construir um país democrático. Como lidar com essa equação? Uma das propostas em pauta nas escolas, por exemplo, é a da construção de uma gestão democrática. Gestão/governo democrático nas escolas seria uma das maneiras de lidar com as formas da violência que conformam o nosso "campo de centeio". Gestão e governo são termos que implicam determinada relação de poder. Tememos exercer o poder que temos? Sabemos o poder que temos, como educadores? Cabe, portanto, recuperar a diferenciação entre poder e violência.

No texto "Da violência" (1973, p. 129), Arendt diferencia poder, fortaleza, força, autoridade e violência. Diz ela:

> O poder está realmente na essência de todo governo, mas a violência, não. A violência é por natureza instrumental. [...] o poder não necessita de justificação, sendo inerente à própria existência de comunidades políticas; o que realmente necessita é de legitimidade. [...] a violência pode ser justificada, mas nunca será legítima.

O que é, então, o poder? Classicamente, trata-se de um conceito ligado à dominação do homem pelo homem, expressa em diferentes formas de governo e do ato de governar. Entre as formas de governo (de domínio) do homem sobre o homem estão a de um ou de poucos, como a monarquia e a oligarquia; e a de muitos ou dos melhores, como na república, na democracia e na aristocracia. Arendt (*ibidem*, p. 118) aponta mais uma forma de domínio, a da burocracia:

> Há a burocracia [...] que poderia ser chamada de "domínio de ninguém". [...] É esse estado de coisas que torna impossível localizar responsabilidades e localizar o inimigo, que está entre as causas mais poderosas da rebelde inquietação mundial de hoje, da sua natureza caótica, e de sua perigosa tendência de escapar do controle e se radicalizar furiosamente.

Para Arendt, o conceito de poder diz respeito não apenas à capacidade humana de agir, mas de agir de comum acordo. A violência é diferenciada do poder, pois tem caráter instrumental: "A violência sempre pode destruir o poder; do cano do fuzil nasce a ordem mais eficiente, resultando na mais perfeita e instantânea obe-diência. O que nunca pode nascer daí é o poder" (*ibidem*, p. 130).

A autora sugere que terror não é o mesmo que violência: é, antes, a forma de governo que passa a existir quando a violên-cia, tendo destruído todo poder, não abdica, mas, ao contrário, permanece com controle total. A eficiência do terror acontece quando há um grau elevado de atomização social: deixamos de conseguir agir de comum acordo (de ter relações de poder). Qual-quer relação que se estabeleça com o que vemos nos territórios dominados por traficantes não é mera coincidência.

Resumindo:

> Em termos de política, não basta dizer que violência e poder não são a mesma coisa. Poder e violência se opõem; onde um deles domina totalmente o outro está ausente. A violência aparece onde o poder está em perigo, mas se lhe permitem seguir seus próprios caminhos resulta no desaparecimento do poder. Isto implica não ser correto pensar no oposto da violência como sendo a não violência; falar em poder não violento é uma redundância. A violência pode destruir o poder, mas é totalmente incapaz de criá-lo. (Arent, 1973, p. 132)

Essa discussão é central para que possamos "entrar na es-cola" a fim de debater suas violências. Pensar nas relações de poder externas que contornam a instituição, ver como são tradu-zidas no cotidiano escolar são pressupostos para que possamos dar conta da tarefa de educar.

....

A VIOLÊNCIA NAS/ DAS ESCOLAS: A ESCOLA É O CÉU OU O INFERNO?

A ESCOLA ENTRA no debate contemporâneo sobre a violência ora como vítima da violência externa, ora como algoz, quando vista como uma instituição com sua cota própria de violência. Nesse último caso, a violência pode ocorrer de forma naturalizada ou invisível.

Estudos e pesquisas discriminam essas violências: a escola seria um local de silenciamento cultural, de "colonização", de "apagamento do outro". Skliar (2002, p. 118) define assim essa pedagogia do outro que deve ser apagado: "É a pedagogia de sempre, aquela que nega duas vezes e de forma contraditória: nega que o outro exista como outro e nega o tempo em que isso — a própria negação 'colonial' do outro — possa ter ocorrido".

A escola é estudada, também, como lugar da reprodução das desigualdades sociais, das desigualdades de gênero e raça, da produção da pobreza e da exclusão. Teria, assim, sua cota de violências socioeconômicas.

Estudos apontam ainda que, se a educação implica sempre algum grau de "colonização", pois é uma instituição fundamental na história da "ofensiva civilizadora" da modernidade, é também o lugar da superação das desigualdades sociais, da construção da democracia e dos direitos humanos.

A SOCIEDADE DA INSEGURANÇA E A VIOLÊNCIA NA ESCOLA

Reprodução/produção: estamos na escola. Instituição fundamental, nunca contida em um só relato, que condena e salva, que oprime e liberta, que conserva e transforma. Nisso está sua força.

Afinal, para que serve a escola? História

A educação, materializada na escola, tem uma história. Nessa história, percebemos claramente o lugar que a instituição ocupa em nossa sociedade e a disputa pelo sentido desse lugar tão central e importante: a escola é, por vezes, vista como a instituição que construirá a democracia e potencializará os talentos existentes. A escola é promotora de justiça.

A respeito dessa ideia da "bondade original" da escola, que permaneceu praticamente intocada até 1968, afirma Antônio Cândido (s/d, p. 142):

A partir do século XVIII as ideologias do progresso forjaram a imagem de um homem perfectível ao infinito graças à faculdade redentora do saber. Era como se a mancha do pecado original pudesse ser lavada e o paraíso, em vez de ter existido no passado, passasse a ser uma certeza gloriosa do futuro. O século XIX se embalou na ilusão de que quando a instrução fosse geral acabariam os "males da sociedade" como se ela pudesse substituir as reformas essenciais na estrutura econômica e social, que, estas sim, são requisitos para se tentar a melhoria da sociedade e, portanto, dos homens.

Porém, a escola também é vista como instituição que reproduz as desigualdades sociais. Principalmente a partir dos anos 1960, a escola deixa de ser uma máquina de construção da democracia baseada no mérito e se transforma em máquina infernal a serviço do *status quo*, simples mecanismo de reprodução da divisão do trabalho. Aparentemente, o lugar e o sentido da educação seriam:

> Educá-los, mas não demasiadamente; o bastante para que aprendessem a respeitar a ordem social, mas não tanto que pudessem questioná-la; o suficiente para que conhecessem a justificação de seu lugar nesta vida, mas não ao ponto de despertar neles expectativas que lhes fizessem desejar o que não estavam chamados a desfrutar" (Enguita, 1989, p. 112).

Desse ponto de vista, a educação é definida como colonização, domesticação. Essas constatações marcam o fim do otimismo pedagógico.

Durkheim constrói as bases para pensarmos na educação e no papel da escola na sociedade. Trata-se de uma instituição social básica, com papel fundamental na reprodução da homogeneidade (a garantia de uma base comum) e da heterogeneidade (a garantia de que as forças que alimentarão as diferenças criadas pela divisão do trabalho serão recriadas). Sua relação com a sociedade é a de perpetuar as formas sociais vigentes em cada época; sua relação com as formas dominantes do trabalho é direta: preparar (no caso da nossa modernidade) para a divisão do trabalho, para a especialização requerida pela produção industrial. Diz Durkheim (1972, p. 82): "A educação é, acima de tudo, o meio pelo qual a sociedade renova perpetuamente as condições de sua própria existência".

As escolas recebem os "homens médios" (crianças médias), os homens que a "natureza" faz, e os transformam nos homens que a sociedade requer. Daí o caráter plenamente social e histórico da educação, a explicação de suas inúmeras variações nos diferentes sistemas sociais existentes, de suas transformações históricas. Afirma Durkheim (*ibidem*):

> O homem médio é eminentemente plástico; pode ser usado com igual proveito em funções muito diversas [...] pois a sociedade, para manter-se, carece da divisão do trabalho entre seus membros, e então, eis por que já prepara, com suas próprias mãos, por meio da educação, os trabalhadores especiais de que necessita.

Está enunciada, com clareza exemplar, a função da educação na reprodução da divisão social do trabalho.

Daí surge o "duplo aspecto" da educação, como "múltipla" (refletindo a divisão do trabalho e fonte, portanto, de heterogeneidade) e "una" (com uma base comum que independe da categoria social).

Para Durkheim, essa base única consistiria na transmissão do "conjunto de ideias sobre a natureza humana, sobre a importância respectiva de nossas faculdades, sobre o direito e o dever, a sociedade, o indivíduo, o progresso, a ciência, a arte" (*ibidem*, p. 40).

Seria, portanto, tudo aquilo que foi descrito até aqui – o que, com o auxílio da psicologia, da sociologia e da história, introduziria nesses homens (crianças) eminentemente plásticos, pela força da persuasão, o espírito da disciplina, da abnegação e da autonomia para a perpetuação da sociedade: "Qualquer educação, a do rico e a do pobre, a que conduz às carreiras liberais, como a que prepara para as funções industriais, tem por objeto fixar essas ideias na consciência dos educandos" (*ibidem*).

São as "similitudes essenciais", reclamadas pela vida coletiva, que permitem a existência e a permanência de uma sociedade. O papel da escola: perpetuá-las e reforçá-las.

Por outro lado, segundo Durkheim, como essa mesma sociedade requer a heterogeneidade, em virtude da força da divisão do trabalho, "a educação assegura a persistência dessa diversidade necessária, diferenciando-se ela própria, e permitindo especializações" (*ibidem*, p. 41).

Isso, na sociedade "normal", aconteceria sem violência ou "guerra de classes", posto que essa diversidade apenas refletiria aptidões naturais: "[...] temos, segundo nossas aptidões, diferentes funções a preencher, e será preciso que nos coloquemos em harmonia com o trabalho que nos incumbe (*ibidem*, p. 34).

A cada um o seu lugar, de acordo com sua capacidade natural.

Mas a escola é apenas isso? A construção da educação como um direito humano

Afirma Apple (1989, p. 181): "Convém recordar que as escolas de hoje não são o resultado de uma evolução não conflitiva e baseada em consensos generalizados, mas o produto provisório de uma longa cadeia de conflitos ideológicos, organizativos e, em um sentido amplo, sociais".

Nunca é demais lembrar que, nas escolas, atuam pessoas concretas — professores, alunos, funcionários, pais —, seres humanos jamais passivos, que lutam por um futuro e uma vida melhores, individual e coletivamente.

Apoiamos, portanto, a seguinte colocação de Apple (*ibidem*, p. 31): "As escolas não são meramente instituições de reprodução", uma vez que as relações sociais capitalistas são inerentemente contraditórias e as escolas, ao reproduzirem essas relações, também reproduzem essas profundas contradições.

Ou, como diria Herbert Gintis (1989, p. 191),

a luta de classes no capitalismo avançado do século XX tem sido efetuada usando os instrumentos do discurso do liberalismo — o discurso dos direitos naturais. Esses instrumentos, embora tomados da burguesia, têm sido transformados, no curso da luta, em arruas políticas eficazes e potencialmente revolucionárias. Essa transformação tem se dado predominantemente através da expansão da esfera na qual os direitos da pessoa devem ser aplicados e da restrição da esfera na qual os direitos de propriedade devem valer. Como consequência, podemos dizer que o discurso liberal, longe de ser "burguês", é, ele próprio, o produto da luta de classes.

Esse discurso poderia ser comparado (contrastado, complementado) com o quadro traçado por Foucault (1985) no que se refere ao "biopoder" — nova forma de poder centrado na gestão da vida dos homens, que trará à cena novas palavras: "direito à felicidade" e "desejo de vida plena". Palavras inéditas no discurso político, que abrem caminho para novos alvos e lutas:

E contra esse poder ainda novo no século XIX, as forças que resistem se apoiaram exatamente naquilo sobre o que ele investe — isto é, na vida e no homem enquanto ser vivo. Desde o século passado, as grandes lutas que põem em questão o sistema geral de poder já não se fazem em nome de um retorno aos antigos direitos [...] o que é reivindicado e serve de objetivo é a vida, entendida como as necessidades fundamentais, a essência concreta do homem, a realização de suas virtualidades, a plenitude do possível. Pouco importa que se trate ou não de utopia; temos aí um processo bem real de luta; a vida como objeto político foi de algum modo tomada ao pé da letra e voltada contra o sistema que tentava controlá-la. Foi a vida, muito mais do que o direito, que se tornou o objeto das lutas políticas, ainda que essas últimas se formulem através de afirmações de direito. O "direito" à vida, ao corpo, à saúde, à felicidade, à satisfação das necessidades, o "direito", acima de todas as opressões ou "alienações"; de encontrar o que se é e tudo o que se pode ser, esse "direito" tão incompreensível para o sistema jurídico clássico, foi a réplica política a todos esses novos procedimentos de poder que, por sua vez, também não fazem parte do direito tradicional da soberania. (Foucault, 1985, p. 136)

Reivindica-se a educação como um direito — que, aliás, consta da Declaração Universal dos Direitos Humanos. Não é apenas um "meio" para a realização de outros direitos. É um direito em si, básico para a concretização de outra série de direitos. Um dos centros de luta na contemporaneidade é o de sua universalização. A escola, instituição de portas estreitas, foi se abrindo para mulheres, filhos e filhas de operários e camponeses de todas as religiões e etnias.

Começamos a falar não mais em "educação *para* os direitos humanos", e sim em "educação *em* direitos humanos". Não se trata de ensinar um conteúdo que será usado em algum futuro provável, mas de fazer que as atitudes cotidianas reflitam a prática do respeito aos direitos humanos.

A educação, materializada na escola, é um dos direitos humanos fundamentais para a realização de uma série de outros direitos humanos. Quem, senão a prática educativa nas escolas, pode realizar de maneira intensa o direito humano de participar livremente da vida cultural da comunidade, de fruir as artes e de fazer parte do progresso científico e de seus benefícios? Este é o objetivo central da escola: possibilitar o acesso aos bens científicos e culturais produzidos pela humanidade. Igualmente, é nessas práticas que conquistamos o exercício da liberdade de expressão, do acesso à informação que possibilite o usufruto dos direitos civis e políticos, dos direitos sociais e econômicos. Lembrando, sempre, que cada um desses direitos implica seu dever correlato, posto que o direito é necessariamente universal.

A Declaração Universal dos Direitos Humanos e a educação

Promulgada pela Assembleia Geral das Nações Unidas em 10 de dezembro de 1948, a Declaração Universal dos Direitos Humanos diz que:

Artigo II – Toda pessoa tem capacidade para gozar os direitos e as liberdades estabelecidos nesta Declaração, sem distinção de qualquer espécie, seja de raça, cor, sexo, língua, religião, opinião política ou de outra natureza, origem nacional ou social, riqueza, nascimento, ou qualquer outra condição.

Artigo XXV – 1. Toda pessoa tem direito a um padrão de vida capaz de assegurar a si e à sua família saúde e bem-

-estar, inclusive alimentação, vestuário, habitação, cuidados médicos e os serviços sociais indispensáveis, e direito à segurança em caso de desemprego, doença, invalidez, viuvez, velhice ou outros casos de perda dos meios de subsistência fora de seu controle.

2. A maternidade e a infância têm direito a cuidados e assistência especiais. Todas as crianças nascidas dentro ou fora do matrimônio gozarão da mesma proteção social.

Artigo XXVI – 1. Toda pessoa tem direito à instrução. A instrução será gratuita, pelo menos nos graus elementares e fundamentais. A instrução elementar será obrigatória. A instrução técnico-profissional será acessível a todos, bem como a instrução superior, esta baseada no mérito.

2. A instrução será orientada no sentido do pleno desenvolvimento da personalidade humana e do fortalecimento do respeito pelos direitos humanos e pelas liberdades fundamentais. A instrução promoverá a compreensão, a tolerância e a amizade entre todas as nações e grupos raciais ou religiosos, e coadjuvará as atividades das Nações Unidas em prol da manutenção da paz.

3. Os pais têm prioridade de direito na escolha do gênero de instrução que será ministrada a seus filhos.

Artigo XXVII – 1. Toda pessoa tem o direito de participar livremente da vida cultural da comunidade, de fruir as artes e de participar do processo científico e de seus benefícios.

2. Toda pessoa tem direito à proteção dos interesses morais e materiais decorrentes de qualquer produção científica, literária ou artística da qual seja autor.

[...]

A educação na sociedade da insegurança

Se um papel fundamental da educação escolar foi o de preparar homens e mulheres necessários para a reprodução da sociedade, se vimos a disputa e a ampliação desse sentido entendendo a educação como um direito humano em si e base para a realização de tantos outros, como fica a educação quando a rapidez da mudança é enorme? Quando somos dominados pela instantaneidade, pelo tempo presente, quando não sabemos como ficarão as profissões, os tipos de trabalho, como será o emprego — se é que haverá emprego — se o futuro dos direitos parece tão incerto?

Há escolas que, por não terem mais a centralidade do ensinar e aprender, por não assumirem a realização do direito humano à educação (condição para concretizar outros direitos humanos), parecem prisões. E, nas prisões, há rebeliões. Situações frequentes e "normais" nas escolas até há certo tempo hoje ganham uma dimensão enorme. Clama-se por polícia, pela mediação do Ministério Público, do Judiciário. Parece que os conflitos não podem mais ser tratados pedagogicamente. Criminalizam-se condutas que antes eram indiferentes à Grande Lei, sendo tratadas com a mediação da autoridade escolar. São escolas que reagem, dessa forma, às contradições e aos desafios da educação numa sociedade da insegurança, com sua "sobrecarga de segurança" diante dos "medos à solta". Outras lidam de maneira diversa com a educação, refletindo as contradições existentes de outro modo: são escolas que bloqueiam o medo, incentivam a participação, abrem-se às vizinhanças, descriminalizam condutas e acolhem as pessoas.

Promessas

Diz Sposito (2001, p. 99):

> Expansão do ensino público sob condições precárias, expressas na ausência de investimentos maciços na rede de escolas e na formação dos docentes, soma-se à ausência de projetos educativos capazes de absorver essa nova realidade escolar. A crise econômica e as alterações no mundo do trabalho incidem diretamente sobre as atribuições que articulavam os projetos populares de acesso ao sistema escolar. A escola, sobretudo para a geração atual, desejosa de ter acesso aos padrões de consumo de massas, não aparece como canal seguro de mobilidade social ascendente para os mais pobres. Assim, uma profunda crise da eficácia socializadora da educação escolar ocorre nesse processo de mutação da sociedade brasileira, que oferece caminhos desiguais para a conquista de direitos no interior da experiência democrática.

Hoje, podemos pensar na situação das escolas no contexto mais geral da "quebra de promessas", da quebra da promessa institucional que nos dizia que se o menino (a menina), o jovem (a jovem), aceitasse jogar as regras do jogo, conseguiria melhorar sua condição social, sua posição de classe. Quebraria as barreiras da pobreza e alcançaria o sucesso.

Essa promessa está em questão porque lidamos com novos modelos de êxito que esvaziam o sentido do trabalho assalariado. Jogadores de futebol, modelos, cantores, DJs não precisam da escola para ter êxito. Uma ruptura na antiga e poderosa relação estudo/sucesso permeia o profundo questionamento e o esvaziamento de sentido da instituição.

Para que servirá a escola? O que se faz nela? Em algumas escolas, que não conseguem realizar a educação como direito, nem sequer se pode almejar uma mudança de *status*, alcançar uma profissão, pois a equação "estudo/emprego" encontra-se truncada. No máximo, esses jovens conseguirão reproduzir a condição de seus pais, como assalariados sem qualificação.

Depoimento: "Desemprego"

Ninguém sabe qual é a nossa capacidade
Ninguém tenta nos entender
Pois nosso futuro não tem mais segurança

Desemprego é o nosso nome
Segurança é a nossa piada
Vida é o nosso brinquedo
Verdade é a nossa mentira
Agora explica quem é que nos faz assim
Pessoas capacitadas que não são atendidas como pessoas

Nós somos jovens! E daí?
Do mesmo jeito todos foram jovens
E tiveram sua primeira chance
Agora qual de nós vai chegar nas alturas
Se nunca saímos do buraco

Como vamos escalar um penhasco
Se não temos equipamentos
Então eu digo

Como podemos andar de carro se não saímos da carroça
Como podemos ter segurança se não temos emprego
Como podemos ter uma vida se não conhecemos o mundo
Como podemos ser adultos se não saímos da adolescência[6]

Dependendo das formas múltiplas e profundamente originais encontradas pelas escolas para lidar com essa nova situação, a violência "entra", toma conta do ambiente escolar.

Violência na/da escola: algumas observações

Mas será que a violência tomou conta da escola? Estudos indicam que ela ainda é um lugar protegido, tendo em vista a dimensão da violência social. É o local onde todos estão: conseguimos nos últimos anos, pela primeira vez em nossa história, que todas as crianças sejam acolhidas no ensino fundamental. É o primeiro "direito" social brasileiro cujo acesso foi universalizado. Esse é o pontapé inicial para a realização do direito à educação. O acesso universal ao direito é o início do processo de sua realização plena.

Outra ressalva a ser feita é que não podemos pensar na escola como uma instituição homogênea, com uma única possibilidade de expressão e inserção local. Há muitos tipos e possibilidades de ser escola, hoje, que se refletem em sua arquitetura, em seu projeto político-pedagógico, na relação entre os integrantes

---

6. Esse depoimento da jovem Ana Paula aparece na obra *Relatório de cidadania – Os jovens e os direitos humanos*, escrita por vários autores (veja mais dados nas Referências). O verso termina dizendo: "Então, como podemos estudar se não temos escolas/ como podemos ter uma profissão/ se nossos pais não podem pagar/ vocês acham que nós não somos capacitados de oportunidade/ pois poderão falar depois que passarem a conhecer os jovens / do nosso Brasil". Parabéns, Ana Paula!

A SOCIEDADE DA INSEGURANÇA E A VIOLÊNCIA NA ESCOLA

da instituição no cotidiano escolar. Há escolas democráticas e as que parecem prisões, tanto particulares como públicas. Há escolas públicas com conteúdo excelente e particulares com péssima atuação.

Há um debate sobre o tema que reflete a própria construção do objeto. O que é violência em cada época, em cada sociedade? Quem define esse termo e lhe dá conteúdo? Que lugar a escola — a educação — ocupa nos dias atuais, na sociedade da insegurança? Quais são as violências presentes nas escolas? Quem são as vítimas e os algozes nessas relações violentas?

Duas pesquisas sobre o tema[7]

Apresentaremos a seguir algumas reflexões com base na análise de duas pesquisas que tentam "mapear as modalidades e a magnitude da violência que efetivamente existe nas escolas" (Ilanud, 1999, p. 7).

Uma delas foi desenvolvida em São Paulo pelo Instituto Latino-Americano das Nações Unidas para a Prevenção do Delito e Tratamento do Delinquente (Ilanud), em parceria com o Instituto Sou da Paz, em sete escolas (públicas e particulares). Verifica-se que pequenos furtos, ameaças, rixas entre grupos, atos de vandalismo, assédio sexual e uma série de pequenos atos de incivilidade são cometidos, com frequência, nas escolas pesquisadas. Em geral, "a escola ignora esses casos, uma vez que não existe nenhum mecanismo institucional para reclamar deles" (Ilanud, 1999, p. 28). O perfil dos vitimados é o seguinte:

---

7. Tópico escrito com a colaboração de Ana Paula Caloni de Menezes, que desenvolve um trabalho de iniciação científica (Feusp/Fafe) sobre as políticas públicas de prevenção à violência escolar.

FLÁVIA SCHILLING

[...] "se por um lado as agressões físicas e os danos propositais afligem mais os homens, principalmente os mais velhos, os furtos de objetos de pequeno valor incidem mais sobre as mulheres e os estudantes mais novos" (*ibidem*).

A pesquisa mostra que o sentimento de vitimização articula tanto os fatos ocorridos no ambiente escolar como aqueles derivados da sensação de insegurança do ambiente externo em que vivem os estudantes. Há canais constantes de comunicação entre o "dentro" e o "fora", por mais que a escola se feche.

Para começar, o dado que se destaca, na primeira pesquisa, é que não existe um quadro generalizado de violência nas escolas. Há, sim, uma variedade de casos de pequenas transgressões, mais elevada nas escolas particulares. Haveria uma associação entre a transgressão dos estudantes e a frequência com que usam cigarro, álcool e maconha. Quanto ao porte de armas (de fogo, brancas etc.), diz a pesquisa: "[...] são os meninos que levam e exibem armas na escola, e o comportamento é mais comum quanto maior for a idade e a série" (*ibidem*, p. 38). Sugerem-se diversas medidas que aumentem a articulação da escola com a comunidade local, pois percebe-se a relação entre a violência externa e suas expressões no ambiente interno escolar.

Outra pesquisa sobre o tema foi desenvolvida pela Unesco em parceria com órgãos governamentais e não governamentais em 14 capitais brasileiras. O estudo discute os fatores exógenos e endógenos da violência no ambiente escolar, a localização da escola, o estado de seus equipamentos e a qualidade dos serviços oferecidos, pois o espaço externo à escola é claramente definido como muito mais ameaçador pelos pesquisados (Abramovay e Rua, 2001, p. 102). Essa observação coincide com a da pesquisa

A SOCIEDADE DA INSEGURANÇA E A VIOLÊNCIA NA ESCOLA

anteriormente descrita: como poderia a escola ser impermeável ao ambiente em que está?

Na análise do ambiente escolar, as autoras chamam a atenção para o sistema de punições e regras, para a dificuldade relatada pelos jovens de conviver com seus pares e para o significado que dão à qualidade e ao desempenho escolar vinculados à temática da exclusão e da discriminação social.

O conceito de violência foi construído por meio de depoimentos, obtendo-se a seguinte categorização: violência contra as pessoas (ameaças, brigas, violência sexual, uso de armas), violência contra a propriedade (furtos, roubos) e violência contra o patrimônio (vandalismo e depredação). A pesquisa conclui que "as violências nas escolas não se resumem a uma série de dados objetivos, mas a experiências vivenciadas de formas múltiplas e distintas por aqueles que as sofrem" (*ibidem*, p. 342). As recomendações para políticas e estratégias partem do pressuposto de que o "combate às violências nas escolas deve aparecer como parte de uma agenda pública de sedimentação da democracia e não como um problema dos jovens ou da escola, o que pede um investimento continuado por parte de muitas agências" (*ibidem*, p. 324).

Tais estudos nos permitem compreender algumas relações entre a sociedade da insegurança e sua repercussão e tradução no ambiente escolar, bem como as medidas internas e externas que podem auxiliar a reverter essa dinâmica.

Pesquisas acadêmicas sobre o tema

Usaremos como base para essa reflexão o artigo "Um breve balanço da pesquisa sobre violência escolar no Brasil" (2001), de Marília Sposito. A autora nos adverte para o fato de que o tema aparentemente ainda chama pouca atenção nos meios acadêmicos, em contraposição à sua espetacularização pela mídia.

As primeiras pesquisas aparecem nos anos 1980:

> [...] é no quadro de uma ampla demanda de segurança por parte dos moradores das periferias dos centros urbanos que o fenômeno da violência nos estabelecimentos escolares torna-se visível e passa a acompanhar a rotina do sistema de ensino público no Brasil, desde o início dos anos 80 (Sposito, 2001, p. 90).

As ações violentas identificadas são depredações, furtos e invasões aos prédios escolares. Há uma violência contra a escola, que, aparentemente, não é vista como um bem comum, como um bem público a ser preservado. É interessante notar que não há registros de depredações contra postos ou serviços de saúde pública nas mesmas comunidades em que escolas são atacadas. A interpretação oferecida nesse caso é a de que tais ações são cometidas por ex-alunos excluídos pela escola do processo educacional. A escola criada nas comunidades periféricas urbanas no final da ditadura militar seria excludente. Tais ações violentas poderiam ser pensadas como reações à violência do ambiente escolar, uma vez que aconteciam em escolas rígidas ou desorganizadas.

O poder público e os dirigentes das escolas costumam reagir a esses atos violentos com o incremento da segurança física dos locais, seu cercamento com muros e grades, e a criação de sistemas de vigilância. Começamos a ver nas cidades escolas hostis e hostilizadas, que dialogam com a arquitetura urbana dominante — com suas guaritas, cercas eletrificadas, muros enormes. A partir dos anos 1980, convivemos com a cidade murada.

A SOCIEDADE DA INSEGURANÇA E A VIOLÊNCIA NA ESCOLA

Há, também, ações que tentam enfatizar a permanência dos alunos, combater a evasão-expulsão escolar. Experiências precursoras de escolas cuja gestão foi democrática e aberta mostraram a reversão do quadro de ataque ao ambiente escolar. São tentativas e respostas diferentes que apontam para os caminhos de construção de políticas públicas para lidar com a violência no ambiente escolar.

Retomando o levantamento realizado por Sposito, nos anos 1990, há uma série de estudos sobre os jovens e a violência mais geral. Essas pesquisas são estimuladas pela presença de jovens nos casos de homicídio, pela visibilidade crescente das gangues juvenis e pelo crescimento do crime organizado em torno do tráfico de drogas.

Registram-se três tipos de situação: a manutenção de depredações, furtos e roubos do patrimônio da escola; o incremento das agressões físicas entre os alunos; agressões destes contra professores.

> Embora os resultados sejam bastante fragmentários, é possível considerar que os anos 1990 apontam mudanças no padrão da violência observada nas escolas públicas, atingindo não só os atos de vandalismo, que continuam a ocorrer, mas as práticas de agressões interpessoais, sobretudo entre o público estudantil. Dentre estas últimas, as agressões verbais e ameaças são as mais frequentes. (Sposito, 2001, p. 94)

Tais brigas sempre existiram, mas agora chamam mais a atenção dos educadores. Relacionam-se, por vezes, com a existência de gangues e tribos, grupos de jovens que se unem em torno de "estilos" (*clubbers*, *punks*, *rappers*, pagodeiros, funkeiros, "emos", torcidas esportivas etc.). Mas de fato há um aumento das ocorrências ou nosso olhar está mais sensível, amedrontado? Essa problematização é pertinente para outras notícias sobre índices de criminalidade. Existem situações em que não é possível afirmar que há ou houve aumento do número de crimes ou se o que ocorreu foi um aumento do número de notificações. Essa problematização é especialmente válida para crimes como furtos e roubos. É notória a existência de uma subnotificação, inclusive porque a população desconfia da polícia, ou percebe a inutilidade de fazer um boletim de ocorrência, dada a ausência de experiências de que possa ocorrer a reparação do dano sofrido.

Cabe mencionar que as pesquisas centralizaram-se nas escolas públicas. Porém, acompanhando o noticiário da década, há registros de brigas, agressões contra professores e depredações no ambiente escolar de forma intensa nas escolas particulares.

As pesquisas sobre vitimização no ambiente escolar — ainda que centradas nas escolas públicas — mostram que as unidades de ensino não vivem uma situação de violência generalizada. Teses e dissertações procuram analisar a relação entre a violência ocorrida nos bairros e a vida escolar. Tentam compreender as relações entre a violência e a escola, apontando para a influência do aumento da criminalidade e da insegurança geral sobre os alunos, com a consequente deterioração do clima escolar: "A violência observada na escola retraduz parte do ambiente externo em que as unidades operam, particularmente em localidades dominadas pelo crime organizado" (Sposito, 2001, p. 96). Essa última observação segue a mesma linha de raciocínio das pesquisas quantitativas anteriormente descritas.

A SOCIEDADE DA INSEGURANÇA E A VIOLÊNCIA NA ESCOLA

Essa é uma constatação comum aos estudos sobre a violência nas escolas. Há a influência de fatores externos que encontram tradução em situações do cotidiano escolar. Chamamos a atenção para a multidimensionalidade do conceito de violência antes exposto: não se trata apenas da presença da violência do crime organizado, mas também da violência social, da violência econômica, da violência intrafamiliar, da vida nas periferias urbanas em uma sociedade que convive com a quebra das garantias, com a incerteza e a insegurança.

As violências presentes na escola da sociedade da insegurança

Outras vozes podem nos ajudar a traçar um quadro das violências nas escolas que permita recuperar a multidimensionalidade do conceito. Pesquisa realizada por jovens da Vila Progresso, participantes do Centro Social Marista Irmão Lourenço[8], mostra o que é, para eles, a violência. Com base nessa pesquisa realizada por jovens integrantes de um projeto social, é possível, agrupando os dados, perceber quais são as violências presentes na escola.

A violência da discriminação está na escola

A primeira das violências mencionadas é a discriminação que acontece nas escolas e faculdades. Não é possível considerar essa indicação — que encabeça a lista das violências — arbitrária, aleatória ou fruto do acaso.

---

8. Rua Chá dos Jesuítas, 559, Vila Progresso, São Paulo. O centro atende crianças e jovens nos serviços de convivência e fortalecimento de vínculos, promoção da integração para o mundo do trabalho, orientação sociofamiliar e economia solidária.

Trata-se de uma violência central, que aparece não apenas na fala dos jovens moradores de bairros periféricos como na dos professores, sendo vivida por todos no cotidiano. Os professores se queixam da discriminação salarial e da ausência de reconhecimento social. Os estudantes se queixam por ser discriminados pelos professores. Uns e outros sofrem com a discriminação que nega o projeto, impede o acesso a um futuro sonhado.

Para os alunos, essa é a violência que acontece estruturalmente nas instituições, em seu exercício de excluir, de criar aqueles que fracassarão, que serão "despejados". "Ele é pobre mesmo, não precisa de estudo." "É favelado, não tem família... não tem futuro." Essas são condenações precoces que a escola faz. A discriminação acontece com aqueles que moram em determinados lugares, têm um tipo físico específico, exercem determinadas profissões, vêm de certa região do país.

Ressalte-se que os jovens falam da discriminação nas escolas não apenas como racial, mas também física. Ser discriminado pela aparência configura violência. Hoje, as pessoas são discriminadas por não estarem de acordo com um modelo (quase sempre impossível) de beleza, "boa aparência": louras, bem-vestidas, usando roupas de grife... Há até discriminação por excesso de peso! A discriminação também aparece quando os jovens comentam o fato de as mulheres terem menor salário por um mesmo serviço, quando falam do preconceito contra os homossexuais e contra os idosos.

O primeiro ponto levantado é, portanto, a violência do preconceito e da discriminação. Esse é um dos direitos humanos mais violados.

"O que é ser um cara da hora?"

P – Como é ser um cara da hora, ser uma garota da hora e não ser um cara da hora, uma garota da hora?

R – Por exemplo, um cara bem vistoso, bem bonito, esse na opinião de muitos é um cara da hora, é um cara que tem uma beleza superior. Agora, tem aqueles que nem eu, feinho, né, aí os cara fala assim, ah, você não presta pra ir lá na frente, tem que ser um cara de ôio verde, um cara de cabelo liso, um cara branquinho da hora, um moreninho da hora, uma menina com o corpo bem, não pode ser gorda lá porque não pode fazer propaganda de maiô, uma gorda, tem que ser uma cinturinha de sereia, não sei quê... (Ferreira, 1998, p. 124)

Mas não são apenas os alunos que se queixam da discriminação: os professores também o fazem. Aparentemente, seriam "professores" aqueles que não deram certo, que não tinham outra escolha. Quantos professores não ouviram de seus alunos: "Além de ser professora, a senhora trabalha?" Esses trabalhadores carregam nos ombros a responsabilidade pela educação das novas gerações, o futuro da nação, formam uma categoria desprestigiada. Ambiguidade e contradições cercam o imaginário sobre a profissão, e o aluno as repercute. Qual é o lugar daquele professor? Ele é uma "autoridade"? Em quê? Há provocações, agressões. O professor, então, torna-se vítima. Temos, assim, um caso exemplar dos perigos que cercam a instituição quando esta se torna uma "instituição de vítimas": cria-se um círculo vicioso de vitimização e agressão mútuas que impossibilita a resolução pacífica dos conflitos.

A desistência de ensinar e de aprender

Os jovens também apontam que é violência "passar de ano sem aprender". É preciso analisar por que o professor desiste de ensinar e o jovem, de aprender. Essa situação não é uma consequência da "aprovação automática", ou melhor, "progressão automática", que foi pensada como uma maneira, talvez ingênua, de reter o aluno na escola por mais tempo, de permitir que aprendesse. Porém, o que é uma escola que não cumpre com seu objetivo central, ou seja, ensinar-aprender?

Novamente, o lugar da escola aparece cercado de ambiguidades. Certas propagandas de projetos públicos apresentam a escola como: refeitório (a escola garante a comida que os alunos não recebem em casa, pois seus pais não encontram trabalho digno nem têm renda — e, não havendo programas de geração de emprego e renda, resta à escola alimentar os filhos dos trabalhadores potenciais desempregados) e clube recreativo (as crianças e os jovens vão à escola para se divertir, praticar esportes e, assim, sair das ruas, onde estarão sujeitos às tentações do tráfico de drogas). Dificilmente veremos a escola como o que ela é: um lugar que realiza um direito humano essencial, o do acesso irrestrito ao patrimônio cultural, científico e tecnológico acumulado pela humanidade. O trabalho com o conhecimento é o "núcleo duro" da escola e parece estar fracamente apontado nesta sociedade da insegurança. Tal situação relaciona-se com as transformações contemporâneas do mundo do trabalho e do emprego, que esvaziam o papel tradicional da escola — de preparação para este mundo. Quais serão as novas promessas da escola?

A SOCIEDADE DA INSEGURANÇA E A VIOLÊNCIA NA ESCOLA

Depoimento

O direito à igualdade está difícil de ser exercido. Nossa educação é lamentável e o direito de toda criança estar na escola não é atendido. Talvez não faça muita diferença ela ir ou não à escola, já que, pelo que vemos aqui na comunidade, elas só vão para comer e nada mais. (Vários autores, 2001, p. 81)

A violência da indiferença está na escola

Outro exemplo de violência aparece sob a denominação de "indiferença", indiferença essa que cerca a vivência dos alunos.

Um desses relatos encontra-se na obra de Eike Frehse (2001). A autora relata uma atividade que desenvolve com dois alunos que estavam "bagunçando" e haviam sido retirados da sala de aula pela professora. Propõe uma redação sobre "A melhor coisa que aconteceu na minha vida".

Um dos dois respondeu dizendo: "Eu já sei, vou escrever sobre o dia mais triste da minha vida", e começou a redigir. Em 15 minutos, uma página e meia estavam tomadas por palavras, frases e parágrafos. [...] Lemos o texto em voz alta e fizemos as correções necessárias. A história versava em detalhes sobre o dia em que seu irmão fora baleado em frente à sua casa após voltar da escola e acabara morrendo nos braços do rapaz que agora escrevia a respeito do ocorrido. Concluída a tarefa, o aluno entregou o trabalho para a professora responsável. No entanto, aparentemente a redação não agradou. A docente comentou com as colegas na sala de aula: "Olha só que absurdo. O menino fica aí duas horas só para escrever apenas uma página e meia? Realmente estes alunos não fazem nada..." (Frehse, 2001, p. 103)

Não seria possível pensar nesse jovem, vítima indireta da violência fatal, sendo novamente vitimado? A "indiferença" retratada reflete a indiferença mais geral — a social. Reflete a banalização da violência cotidiana, fatal. Expõe também a dificuldade que cerca a violência, o silenciamento que ela provoca, a quebra dos discursos arrumados e prontos que usávamos.

A violência intrafamiliar está na escola

Os jovens pesquisadores do Centro Social Marista relatam casos de violência intrafamiliar em todas as suas modalidades. Falam da dura realidade de que a família não é, muitas vezes, esse "lugar" protetor e acolhedor que a novela, o filme, o livro didático retratam. Pode, inclusive, ser um lugar muito perigoso. São violências graves, pois modelam as pessoas, e por vezes fatais. São também ambíguas, visto que muita gente ainda acha que "em briga de marido e mulher ninguém mete a colher" e que o poder paterno deve ser respeitado a todo custo, refletindo modelos de família antigos, com base no poder e na força, hoje questionados por leis que impedem os abusos e exigem uma intervenção.

Tratar a violência que ocorre nas famílias é uma das formas de prevenir a violência fatal, inclusive a criminal. Os jovens falam de violência sexual, espancamentos, brigas. Violência, portanto, que acontece contra a mulher, a criança, o adolescente, o idoso, o portador de deficiência, o doente mental, aquele(a) com orientação sexual diversa. É uma dimensão da violência ligada ao alcoolismo, ao desemprego e, acrescento, a uma es-

A SOCIEDADE DA INSEGURANÇA E A VIOLÊNCIA NA ESCOLA

trutura familiar que joga todo o seu peso no papel masculino. Que discrimina e inferioriza a mulher. Que provoca vitimização direta e indireta e, muitas vezes, repercute na atividade escolar da criança ou do jovem na forma de indisciplina, descaso, dificuldade de aprender.

A violência domiciliar

Os casos de violência dentro de casa são ainda menos denunciados. Poucas foram as mulheres que relataram sofrer violência intrafamiliar, por mais que se saiba que é grande o número de vítimas na comunidade. Só foi possível conhecer o problema mais a fundo quando se realizou uma pesquisa com 42 moradoras dos três bairros. A maioria das mulheres, principalmente quando não conhecia as integrantes do grupo, se mostrou desconfortável ao responder à seguinte pergunta: "Você já sofreu violência?" Das 42 entrevistadas, 22 responderam que sim, 19, que não, e uma não se pronunciou.

> Mais da metade das entrevistadas reconheceram ter sofrido violência. [...] os agressores se dividem em dois grupos: os parceiros (maridos e namorados) respondem por 10 casos identificados e os familiares (pais, padrastos e irmãos) respondem por outros 10. [...] mais da metade das vítimas não tomou qualquer tipo de providência para tentar ao menos impedir que a violação continuasse acontecendo. (Vários autores, 2001, p. 33)

A dispersão de dados e a falta de continuidade nas pesquisas sobre vários assuntos (inclusive gênero) dificultam a precisão ou mesmo o acompanhamento dos indicadores de violência no Brasil. Porém, três importantes mapeamentos (dois regionais e um nacional) parecem justificar a afirmação de que a violência contra as mulheres, no Brasil, vem crescendo. Isso pode ser observado no Mapa da Violência 2012, em seu caderno complementar sobre homicídio das mulheres[9], ou no número de denúncias (por boletim de ocorrência eletrônico) em São Paulo e no Rio de Janeiro relacionadas com lesão corporal, estupro e ameaças, entre outras agressões sofridas pelas mulheres.

No site da Secretaria de Segurança Pública de São Paulo, é possível verificar as ocorrências de violência contra a mulher registradas desde setembro de 2011.[10] Já os levantamentos efetuados no estado do Rio de Janeiro são precedidos por estudos qualificados acerca dos dados que levam em consideração as alterações da Lei Maria da Penha e "o amadurecimento das discussões sobre o tema":

> Até o último ano, com a edição do Dossiê Mulher 2012, a análise sobre os principais crimes relacionados à violência contra a mulher se restringiu aos delitos de homicídio doloso, tentativa de homicídio, lesão corporal dolosa, estupro e ameaça, abarcando, assim, parte da violência física, sexual e psicológica contra a mulher, com dados dos registros de ocorrência lavrados em delegacias de polícia (PCERJ).
>
> Em 2013, com o amadurecimento das discussões acerca do tema e maior conhecimento sobre a base de dados utilizada

---

9. Veja mais informações em: ‹http://www.mapadaviolencia.org.br/pdf2012/mapa2012_mulher.pdf›. Acesso em: 4 mar. 2014.

10. Veja mais informações em: http://www.ssp.sp.gov.br/estatistica/ViolenciaMulher.aspx. Acesso em: 4 mar. 2014.

A SOCIEDADE DA INSEGURANÇA E A VIOLÊNCIA NA ESCOLA

quanto às suas possibilidades e limitações, foram adicionados à análise oito novos títulos: "Tentativa de Estupro", "Dano", "Violação de Domicílio", "Supressão de Documento", "Constrangimento Ilegal", "Calúnia", "Difamação" e "Injúria". Dessa forma, pode-se dizer que, na versão 2013 deste estudo, é possível ter um panorama mais amplo da violência contra a mulher, observada em suas cinco formas: física, sexual, patrimonial, moral e psicológica.

O artigo 5º da Lei Maria da Penha (Lei nº 11.340/06) explica: "Configura violência doméstica e familiar contra a mulher qualquer ação ou omissão baseada no gênero que lhe cause morte, lesão, sofrimento físico, sexual ou psicológico e dano moral ou patrimonial", no âmbito da unidade doméstica, da família ou em qualquer relação íntima de afeto. (Dossiê Mulher 2013)[11]

A violência social está na escola

Uma parte da violência que acontece na escola é a face mais visível da violência socioeconômica: desemprego, má distribuição de renda e de terras. O que dizem a Constituição da República e a Declaração dos Direitos Humanos? Que todos têm direito a um trabalho, a um padrão de vida digno. Convivemos, no Brasil, com o desemprego, a falta de saneamento básico, de moradia e de serviços públicos de saúde e lazer. Essa grande violência de base se articula com a violência da discriminação e do preconceito. A concentração de renda e a enorme desigualdade social repercutem no cotidiano escolar, nos alunos e nos professores. A angústia do desemprego reflete-se no ambiente familiar de todos

---

11. Veja mais informações em: <http://arquivos.proderj.rj.gov.br/isp_imagens/Uploads/ DossieMulher2013contraMulher.pdf>. Acesso em: 4 mar. 2014.

e também na escola. Não há como separar o que se vive no mundo maior do que se vive na escola. Tudo impacta o presente de alunos que vivem familiarmente a precariedade e a incerteza do mundo do trabalho e modela sua expectativa de futuro: haverá um lugar para ele/ela? Quanto a escola poderá (ou não) contribuir para que sua vida seja marcada pela superação da pobreza?

Depoimento

Quando se está na média dos 18 anos, o emprego vai ficando mais solicitado, porque as responsabilidades já estão bem presentes em nossas vidas. Uma dessas responsabilidades é ajudar na renda da casa, ainda mais quando a família é grande. É uma pressão muito forte por não conseguir emprego, às vezes surgem discussões na família.

Estar desempregado na adolescência é muito difícil, pois é a fase em que sonhamos mais, pensando em ser responsáveis, independentes. Sempre que conversamos com pessoas da nossa idade, as angústias, os medos, esperanças e interesses são muito parecidos. Angústia porque precisamos trabalhar e não conseguimos, precisamos de dinheiro para ajudar em casa e não temos. Medo de nunca conseguir emprego e ter que acabar fazendo alguma coisa de que nunca fui a fim. (Vários autores, 2001, p. 67)

A violência da criminalidade está na escola

As escolas situadas em territórios violentos muitas vezes sofrem com a violência da criminalidade, que implica a desistência do futuro para inúmeros jovens e parece ser o único meio de acesso a bens numa sociedade desigual, preconceituosa, de consumo, sem perspectivas, sem projeto. Por outro lado, é um negócio tão rentável para o sistema! Gera muitos lucros e empregos. Movimenta bancos, imobiliárias, venda de carros, motos (sonhos de consumo). São crimes que acontecem sob o imperativo do gozo "já", mostrando que a rapidez e o imediatismo se impõem como valores. Mostrando, claramente, a semelhança entre crimes de ricos e pobres. São os crimes do conformismo. Todos esses jovens acreditam nos valores da mídia, do "ter é poder". Já. Sem sonhos. Sem resistência.

•••••

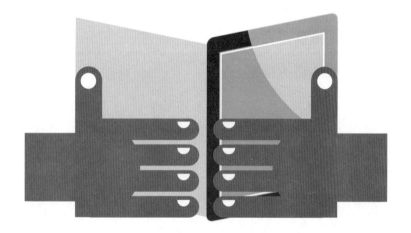

4

AÇÕES
POSSÍVEIS

Desemparedar a palavra – Gramática da não violência

Afirma Foucault (1985, p. 96):

> Os discursos, como os silêncios, nem são submetidos de uma vez por todas ao poder, nem são opostos a ele. É preciso admitir um jogo complexo e instável em que o discurso pode ser, ao mesmo tempo, instrumento e efeito de poder, e também obstáculo, escora, ponto de resistência e ponto de partida de uma estratégia oposta. O discurso veicula e produz poder; reforça-o, mas também o mina; expõe, debilita e permite barrá-lo.

Entre os discursos da violência como epidemia e o silêncio por ela provocado, há discursos inauditos e imprevistos, que apontam para uma compreensão ampliada das questões que nos preocupam.

Trata-se do esforço de ampliar o campo da palavra: quando este se amplia, "não se trata mais da mesma palavra, dos mesmos significantes, da mesma lei. Os indivíduos não são falados pela organização ou por seus guardiões, mas eles falam a organização e por isso a transformam" (Enriquez, 1974, p. 75).

Quando os indivíduos, portanto, conseguem falar sobre o acontecimento, criando um saber sobre ele que vai além do saber perito (proposto como o único legítimo), saem do que Enriquez chama de "relação dual" (a relação de fascinação pelo nome de um) e entram na posição do "terceiro", do que restaura a alteridade, a diferença, do que mostra a falha e os limites.

Mesmo sendo o questionamento parcial, a fala, emergente e a ação, ambígua, se eles comportam uma dúvida sobre a regra do jogo, uma crítica à sua lógica interna, questionam as instituições e seus discursos e permitem a emergência de uma nova lógica. Enriquez vincula essa situação à possibilidade de novas falas, falas imprevistas de atores sociais até hoje excluídos da cena histórica. Não grandes falas. Falas surgidas no cotidiano do trabalho, no seio das instituições, de problemas concretos da vida cotidiana, como sujeitos no processo de produção e de consumo. "Tomar a palavra" permitiria descobrir ou inventar a relação entre o que tinha sido dividido e aparecia como impossível de relacionar, introduziria a diversidade no que era apresentado como naturalmente uniforme. Isso porque a palavra, a lei, é, nas organizações e instituições marcadas pela heteronomia, privilégio do "um", portador da fala inaugural, da fala fundadora do mundo. "Tomar a palavra" significa criar um saber. Um saber sobre o outro e sobre si mesmo: falar a instituição e não ser mais falado por ela; falar sobre o trabalho, sobre as epidemias, sobre o tempo da vida e não mais, apenas, ser "falado".

Esse seria o lugar da resistência, do início da construção da educação como um direito humano na sociedade da insegurança. Poder falar sobre o que nos acontece: professores, pais, alunos, funcionários, pessoas da vizinhança, líderes locais. O primeiro ponto possível, portanto, é o de negar as separações, os muros, as cercas eletrificadas, o temor excessivo do outro. Muitas escolas já fizeram convites, reuniram as pessoas, imaginaram a educação loquaz.

Em busca do espaço público – Outros significados de segurança e de esperança

Essa loquacidade poderia nortear ações que revertem ou questionam os movimentos dominantes que descrevemos. São ações, assim como as palavras, também ampliadas: multidisciplinares, intersetoriais, multissecretariais.

Rompem com as antigas divisões e separações de poder. Não é fácil. É preciso polícia, justiça, moradia, trabalho, saúde, educação, verde, cultura, apoio às vítimas, punição e tratamento dos agressores. Certas intervenções podem ser feitas com recursos próprios, recursos de cada um de nós. Outras ações só são possíveis com a construção de um coletivo, exigindo uma interlocução mais ampla.

O ponto de partida essencial é o trabalho de diagnóstico: detectar as várias dimensões da violência: a socioeconômica, a familiar, a institucional. Reconhecer que estas acontecem em lugares múltiplos, com atores diversos. Que muitas delas se relacionam, apoiam-se e provocam-se. Com base nesse reconhecimento, é possível criar respostas que serão, necessariamente, diversas. O ponto de partida é esse exercício construído sobre a diversidade de interlocutores: professores, pais, alunos, equipe técnica, líderes comunitários. Dessa verificação inicial é que deverão sair as linhas de ação, as prioridades, as possibilidades de novas alianças e redes de apoio.

Tais redes se constroem o tempo todo, lutando contra a fragmentação, o isolamento, o medo. São redes de resistência, neces-

A SOCIEDADE DA INSEGURANÇA E A VIOLÊNCIA NA ESCOLA

sariamente democráticas, de proteção e realização de direitos. Compreendem que os direitos humanos são indivisíveis e que o direito à segurança, a uma vida e a uma escola sem violência é uma construção que envolve muitos parceiros e responsabilidades de diversos setores.

É um caminho difícil e cheio de contradições. O aprofundamento da crise econômica faz que os indivíduos tenham grande dificuldade de atuar, por falta de tempo, de dinheiro, de disponibilidade. Há de se contar, assim, com a dificuldade de participar. Além de não termos a cultura da participação, esta é complicada pelas condições hoje reinantes. A democracia dá trabalho. É mais custoso ser livre e autônomo do que obedecer e ser heterônomo. Além disso, não sabemos ser "democráticos", criar experiências democráticas e viver experiências de liberdade. Isso não nos foi ensinado e precisamos aprender coletivamente.

Temos dificuldade de superar a fragmentação do nosso pensamento e da nossa ação. Essa fragmentação é histórica e constantemente construída, aparecendo em vários níveis. Se os problemas sociais são complexos, vê-se a inutilidade das respostas parciais e fragmentadas. Por exemplo, realizar o direito à moradia não é apenas "dar" casa — é gerar renda para mantê-la funcionando, é criar mecanismos de participação na gestão do que é comum à vizinhança, é lazer, educação, saúde, segurança.

O grande desafio das redes é entender a complexidade das questões sociais e instrumentalizar sua ação. É preciso estabelecer claramente por onde começar, qual a prioridade. Quem sabe um bom começo na escola fosse desenvolver um trabalho de escuta? Perceber, na trama da indisciplina, o que acontece naquela família, naquela vizinhança, e repercute na escola? Quem sabe um bom começo fosse uma escola que não discriminasse? Quem poderia ser parceiro, aliado da escola para essa tarefa? Com quem contamos interna e externamente?

O norte do trabalho pode ser pensado como o da produção de um convívio escolar — ou de uma escola inclusiva que contemple o direito de todos ao conhecimento — justo e democrático.

Segundo pesquisa recente (Schilling, 2010; 2013), a escola justa teria:

1 Igualdade de direitos e de deveres.
2 Respeito, reciprocidade.
3 Mérito, valorização, qualidade do ensino.
4 Diálogo, participação.

Uma escola cujo convívio escolar fosse orientado por esses princípios colocaria em prática o direito de todos a aprender, transformando-se no lócus da realização do direito à educação.

Para finalizar, os quatro pontos anteriores se desdobram em seis, reiteradamente apontados pelos sujeitos da pesquisa mencionada, que caracterizariam a escola justa:

» Respeito à igualdade de direitos, recusa da desigualdade do tratamento. Se todos e todas são iguais perante as leis, as regras e os acordos — sejam estes formalizados, sociais ou cotidianos —, o justo é que não existam "dois pesos e duas medidas".

» Respeito às diferenças, recusa da discriminação e do preconceito.

» Em caso de violação de lei, norma, regra ou combinado, que exista uma punição (retribuição) justa e proporcional

A SOCIEDADE DA INSEGURANÇA E A VIOLÊNCIA NA ESCOLA

à ação. Para tanto, é claro, é preciso que existam regras e acordos claros e reconhecidos por todos.

» Que reconheça o mérito.

» Onde existam o diálogo, a comunicação, a possibilidade de participação nas relações escolares.

» Onde exista a qualidade de ensino, dos princípios pedagógicos. Nesse caso, a função da escola, do ponto de vista da instrução, dos conteúdos e da formação, aparece como fundamental para possibilitar a escola justa.

Haveria, assim, uma série de pontos que definiriam o que é uma escola justa, sempre considerando a dificuldade em definir — abstratamente — o justo. Seria interessante pensar que saímos da abstração quando pensamos no cotidiano escolar como um lugar — difícil e conflituoso — de encontro.

Muitas escolas na cidade de São Paulo já trilharam esse caminho. Elas sabem a que vieram, sendo respeitadas pela vizinhança, pelos pais, pelos alunos. São escolas que fazem diferença na região em que atuam.

· · · · ·

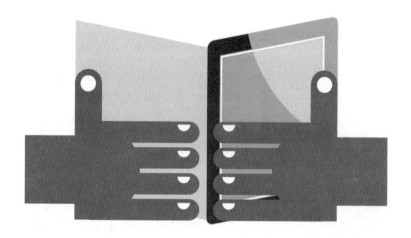

REFERÊNCIAS

ABRAMOVAY, Miriam; RUA, Maria das Graças. *Violência nas escolas*. Brasília: Unesco, 2001.

ANTELO, Estanislao (org.). *La escuela más allá del bien y del mal*. Buenos Aires: Amsafe, 2001.

APPLE, Michael. *Educação e poder*. Porto Alegre: Artes Médicas, 1989.

ARENDT, Hannah. *Entre o passado e o futuro*. São Paulo: Perspectiva, 1972.

_____. *Crises da República*. São Paulo: Perspectiva, 1973.

_____. *Totalitarismo, o paroxismo do poder — Uma análise dialética*. Rio de Janeiro: Documentário, 1979.

BAUMAN, Zygmunt. *O mal-estar da pós-modernidade*. Rio de Janeiro: Jorge Zahar, 1999.

_____. *Em busca da política*. Rio de Janeiro: Jorge Zahar, 2000.

_____. *Modernidade líquida*. Rio de Janeiro: Jorge Zahar, 2001.

BARTHÈS, R. *O prazer do texto*. São Paulo: Perspectiva, 1987.

BETTELHEIM, Bruno. *Sobrevivência*. Porto Alegre: Artes Médicas, 1989.

BOUTROS-GHALI, Boutros. *Enfrentando nuevos retos*. Nova York: ONU, 1995.

BRASIL. "Dados consolidados 2008/2009". Departamento Penitenciário Nacional, Ministério da Justiça, 2008. Disponível em: <http://pt.scribd.com/doc/157063282/2008DadosConsolidados-DEPEN-BRASIL-9>. Acesso em: 1º mar. 2014.

_____. "Taxa de mortalidade específica por causas externas, 2010". In: DataSus. Disponível em: <http://tabnet.datasus.gov.br/cgi/deftohtm.exe?idb2011/c09.def>. Acesso em: 2 mar. de 2014.

_____. "Mercado de trabalho: conjuntura e análise". Instituto de Pesquisa Econômica Aplicada; Ministério do Trabalho e Emprego, ano 20, fev. 2014a. Disponível em: <http://www.ipea.gov.br/portal/images/stories/PDFs/mercadodetrabalho/bmt56_completo.pdf>. Acesso em: 27 fev. 2014.

_____. "Pesquisa Mensal de Emprego: Janeiro de 2014". Instituto Brasileiro de Geografia e Estatística, fev. 2014b. Disponível em: <ftp://ftp.ibge.gov.br/Trabalho_e_Rendimento/Pesquisa_Mensal_de_Emprego/fasciculo_indicadores_ibge/2014/pme_201401pubCompleta.pdf>. Acesso em: 27 fev. 2014.

_____. "População Economicamente Ativa"; "População Ocupada"; "Pessoas Desocupadas". Instituto Brasileiro de Geografia e Estatística, s/d. Disponível em: <http://www.ibge.gov.br/home/estatistica/indicadores/trabalhoerendimento/pme_nova/defaulttab_hist.shtm>. Acesso em: 27 fev. 2014.

BREDARIOLI, Cláudia. "Custo da violência ultrapassa R$ 200 bi por ano no Brasil". *Ipea Notícias*, 3 ago. 2012. Disponível em: <http://www.

ipea.gov.br/portal/index.php?option=com_content&view=article&id=14950&catid=159&Itemid=75>. Acesso em: 1º mar. 2014.

Buoro, Andréa *et al. Violência urbana: dilemas e desafios*. São Paulo: Atual, 1999.

Camus, Albert. *A peste*. Lisboa: Livros do Brasil, s/d.

Cândido, Antônio. "A culpa dos reis: mando e transgressão em Ricardo II". In: Novaes, Adauto (org.). *Ética*. São Paulo: Companhia das Letras, 1994.

_____"Professor, escola e associações docentes". *Almanaque — Caderno de Literatura e Ensaio*, n. 11. São Paulo: Brasiliense, s/d.

Canetti, Elias. *Massa e poder*. Brasília: UNB/Melhoramentos, 1983.

Carvalho Franco, M. Sylvia de. *Homens livres na ordem escravocrata*. 3. ed. São Paulo: Kairós, 1983.

Castanho e Oliveira, Isaura de Mello; Pavez, Graziela Acquaviva; Schilling, Flávia (orgs.). *Reflexões sobre justiça e violência*. São Paulo: Educ/Imprensa Oficial, 2002.

Chaui, Marilena. "Senso comum e transparência". In: *O preconceito*. São Paulo: Secretaria da Justiça e Defesa da Cidadania/Imprensa Oficial, 1996/1997.

_____. "Uma ideologia perversa". *Folha de S. Paulo*, 14 mar. 1999, Caderno Mais, 5-3.

Datafolha. "Pesquisa perfil ideológico dos brasileiros – Novembro de 2013 (28 e 29/11/2013)". Disponível em: <http://media. folha.uol.com.br/datafolha/2013/12/09/perfil-ideologico-dos-brasileiros.pdf>. Acesso em: 1º mar. 2014.

Debarbieux, Eric; Blaya, Catherine. *Violência nas escolas e políticas públicas*. Brasília: Unesco, 2002.

Durkheim, Émile. *Educação e sociologia*. São Paulo: Melhoramentos, 1972.

ELIAS, Norbert. *O processo civilizador — Uma história dos costumes.* Rio de Janeiro: Jorge Zahar, 1990.

ELIAS, Norbert; SCOTSON, John L. *Os estabelecidos e os outsiders.* Rio de Janeiro: Jorge Zahar, 2000.

ENGUITA, Mariano. *A face oculta da escola.* Porto Alegre: Artes Médicas, 1989.

ENRIQUEZ, Eugène. "Imaginário social, recalcamento e repressão nas organizações". *Revista Tempo Brasileiro,* v. 36/37, 1974.

_____. "Les institutions: amour et contraente, consensus et violence". *Connexions,* v. 30, 1980.

FELMAN, Shoshana. "Educação e crise, ou as vicissitudes do ensino". In: NESTROVSKI, Arthur; SELIGMANN-SILVA, Márcio (orgs.). *Catástrofe e representação.* São Paulo: Escuta, 2000.

FERREIRA, Maria Inês Caetano. *Homicídios na periferia de Santo Amaro. Um estudo sobre a sociabilidade e os arranjos de vida num contexto de exclusão.* Tese (mestrado em Sociologia), Universidade de São Paulo, São Paulo (SP), 1998.

FOUCAULT, Michel. *Vigiar e punir.* Rio de Janeiro: Graal, 1984.

_____. *História da sexualidade. A vontade de saber.* Rio de Janeiro: Graal, 1985.

_____. "O sujeito e o poder". In: RABINOW, Paul; DREYFUS, Hubert. *Michel Foucault. Uma trajetória filosófica.* Rio de Janeiro: Forense Universitária, 1995.

_____. *Em defesa da sociedade.* São Paulo: Martins Fontes, 2002.

FREHSE, Eike. *A democratização em xeque. Vicissitudes da progressão continuada no ensino paulista em 1999.* Dissertação (mestrado em Educação), Universidade de São Paulo, São Paulo, 2001 (mimeo).

GIDDENS, Anthony. *Consequências da modernidade.* São Paulo: Ed. da Unesp, 1991.

GINTIS, Herbert. "Communication and politics: Marxism and the 'problem' of liberal democracy". In: APPLE, Michael. *Educação e poder.* Porto Alegre: Artes Médicas, 1989.

GOMBATA, Marsílea. "Em 15 anos, Brasil prendeu 7 vezes mais que a média: o Brasil prende em massa e tem a quarta maior população carcerária do mundo, mas não sabe o que fazer com os detentos". *Carta Capital* online, 16 jan. 2014. Disponível em: <http://www.cartacapital.com.br/sociedade/populacao-carceraria-brasileira-cresceu-7-vezes-mais-que-a-media-mundial-nos-ultimos-15-anos-5518.html>. Acesso em: 2 mar. 2014.

HALL, Stuart. *A identidade cultural na pós-modernidade.* São Paulo: DP&A, 2001.

INSTITUTO LATINO-AMERICANO DAS NAÇÕES UNIDAS PARA A PREVENÇÃO DO DELITO E TRATAMENTO DO DELINQUENTE (ILANUD). "O dia a dia na vida das escolas (violações autoassumidas)". Coordenação de Túlio Kahn. São Paulo: Ilanud/Instituto Sou da Paz, 1999. Disponível em: <http://www2.uol.com.br/aprendiz/n_pesquisas/pesquisa_exclusiva/self.doc>. Acesso em: 25 abr. 2014.

INTERNATIONAL CENTRE FOR PRISON STUDIES (ICPS). "More than 10.2 million prisoners in the world, new ICPS report shows". ICPS, 16 out. 2013. Disponível em: <http://www.prisonstudies.org/news?page=1>. Acesso em: 2 mar. 2014.

JAMES, Nathan. "The federal prison population buildup: overview, policy changes, issues, and options". Congressional Research Service, 2013. Disponível em: <http://www.fas.org/sgp/crs/misc/R42937.pdf>. Acesso em: 1º mar. 2014.

KRIEKEN, Robert van. "A organização da alma: Elias e Foucault sobre a disciplina e o eu". *Plural, Revista de Ciências Sociais da USP,* v. 3, 1996.

LEVI, Pierre. *É isto um homem?* Rio de Janeiro: Rocco, 1988.

LIMA LOPES, José Reinaldo de. "Justiça e poder judiciário ou a virtude confronta a instituição". *Dossiê Judiciário/Revista da USP*, n. 21, mar./maio 1994.

MAIA, Paulo Borlina. "Vinte anos de homicídios no Estado de São Paulo". *A violência disseminada. São Paulo em Perspectiva. Revista da Fundação Seade*, v. 13, n. 4, out./dez. 1999.

"MAIOR escolaridade não reduz desemprego de mais pobres, diz estudo". *Valor Online*, 19 fev. 2004. Acesso em: 24 fev. 2004.

MARTINS, José de Souza. A *sociabilidade do homem simples*. São Paulo: Hucitec, 2000.

MICHAUD, Yves. A *violência*. São Paulo: Ática, 1989.

NESTROVSKI, Arthur; SELIGMANN-SILVA, Márcio (orgs.). *Catástrofe e representação*. São Paulo: Escuta, 2000.

PENTEADO, Gilmar. "Dobra o número de meninas na Febem". *Folha de S. Paulo*, 21 mar. 2004, p. C1.

RANCIÈRE, Jacques. "O princípio da insegurança". *Folha de S. Paulo*, 21 set. 2003, Caderno Mais, p. 3.

ROLNIK, Raquel. "Exclusão territorial e violência". *A violência disseminada. São Paulo em Perspectiva. Revista da Fundação Seade*, v. 13, n. 4, out./dez. 1999.

SAFFIOTI, Heleieth. "Já se mete a colher em briga de marido e mulher". *A violência disseminada. São Paulo em Perspectiva. Revista da Fundação Seade*, v. 13, n. 4, out./dez. 1999.

SALINGER, Jerome David. *O apanhador no campo de centeio*. 14. ed. Rio de Janeiro: Editora do Autor, s/d.

SCHILLING, Flávia. "Violência na escola: reflexões sobre justiça, igualdade e diferença". In: HENNING, Leoni M. P.; ABBUD, Maria L. M. (orgs.). *Violência, indisciplina e educação*. Londrina: Ed. da Uel, 2010.

A SOCIEDADE DA INSEGURANÇA E A VIOLÊNCIA NA ESCOLA

_____. "Igualdade, desigualdade e diferenças: o que é uma escola justa?" *Educação e Pesquisa*, v. 39, 2013, p. 31-48.

SENNETT, Richard. *A corrosão do caráter — As consequências pessoais do trabalho no novo capitalismo*. Rio de Janeiro: Record, 2003.

SILVA, Fábio. L. Lopes da. *Para uma genealogia da corrupção*. Dissertação (mestrado em Linguística), Universidade Estadual de Campinas, Campinas (SP), 1992.

SINGER, Helena. *Discursos desconcertados. Linchamentos, punições e direitos humanos*. São Paulo: Fapesp/ Humanitas, 2003.

SKLIAR, Carlos. "Alteridades y pedagogías. O... ¿Y si el otro no estuviera ahí?" *Educação e Sociedade. Dossiê Diferenças. Revista Quadrimestral de Ciência da Educação*, ano XXIII, ago. 2002.

SOUSA SANTOS, Boaventura de. *Pela mão de Alice. O social e o político na pós-modernidade*. São Paulo: Cortez, 1995.

_____. *A crítica da razão indolente: contra o desperdício da experiência*. São Paulo: Cortez, 2001.

SOUSA SANTOS, Boaventura de et al. "Os tribunais nas sociedades contemporâneas". *Revista Brasileira de Ciências Sociais*, São Paulo, n. 30, fev. 1996.

SPOSITO, Marília Pontes. "A instituição escolar e a violência". *Cadernos de Pesquisa da Fundação Carlos Chagas*. São Paulo: Cortez, n. 104, jul. 1998, pp. 58-75.

_____. "Um breve balanço da pesquisa sobre violência escolar no Brasil". *Educação e Pesquisa. Em foco: violência e escola*, São Paulo, v. 27, n. 1, jan./jun. 2001.

_____. *Os jovens no Brasil. Desigualdades multiplicadas e novas demandas políticas*. São Paulo: Ação Educativa, 2003.

STOCHERO, Tahiane. "Roubo lidera detenção de menores na capital e tráfico, no interior de SP". *Portal G1*. 1º mar. 2011. Disponível em: <http://g1.globo.com/sao-paulo/noticia/2011/03/roubo-lidera-detencao-de-menores-na-capital-e-trafico-no-interior-de-sp.html>. Acesso em: 2 mar. 2014.

TAVARES DOS SANTOS, José Vicente. "Por uma sociologia da conflitualidade no tempo da globalização". In: TAVARES DOS SANTOS, José Vicente (org.). *Violências no tempo da globalização*. São Paulo: Hucitec, 1999.

_____. "A violência na escola: conflitualidade social e ações civilizatórias". *Educação e Pesquisa*, São Paulo, v. 27, n. 1, jan./jun. 2001.

TODOROV, Tzvetan. *O homem desenraizado*. Rio de Janeiro, Record, 1999.

_____. *Memória do mal, tentação do bem. Indagações sobre o século XX*. São Paulo: Arx, 2002.

VÁRIOS AUTORES. "Violência e mal-estar na sociedade". *A violência disseminada. São Paulo em Perspectiva. Revista da Fundação Seade*, v. 13, n. 3, jul./set. 1999; out./ dez. 1999.

VÁRIOS AUTORES. *Relatório de Cidadania. Os jovens e os direitos humanos*. Rede de Observatórios de Direitos Humanos. São Paulo, Instituto Sou da Paz/Núcleo de Estudos da Violência da USP/Pnud/Ministério da Justiça/SNDH, 2001.

WACQUANT, Loïc. *Os condenados da cidade*. Rio de Janeiro: Revan, 2001a.

_____. *As prisões da miséria*. Rio de Janeiro: Jorge Zahar, 2001b.

WAISELFISZ, Julio Jacobo. "Mapa da Violência 2013". In: *Homicídios e Juventude no Brasil*. Brasília, 2013. Disponível em: <http://www.mapadaviolencia.org.br/pdf2013/mapa2013_homicidios_juventude.pdf>. Acesso em: 2 mar. 2014.

ZALUAR, Alba. *O condomínio do diabo*. Rio de Janeiro: Revan, 1994.

www.gruposummus.com.br

IMPRESSO NA
sumago gráfica editorial ltda
rua itauna, 789   vila maria
02111-031   são paulo   sp
tel e fax 11 **2955 5636**
sumago@sumago.com.br